U0936605

古钟掌故

卢迎红
卢嘉兵　主编

北京联合出版公司

图书在版编目（CIP）数据

古钟掌故 / 卢迎红，卢嘉兵主编．-- 北京 ：北京联合出版公司，2017.12

ISBN 978-7-5596-1247-2

Ⅰ．①古… Ⅱ．①卢… ②卢… Ⅲ．①钟－掌故－中国－古代 Ⅳ．① K875.2

中国版本图书馆 CIP 数据核字 (2017) 第 271973 号

古钟掌故

作　者　卢迎红　卢嘉兵

责任编辑　申　妙　张　芃

书籍设计　敬人设计工作室　黄晓飞

出版发行　北京联合出版有限责任公司

北京联合天畅发行公司发行

社　址　北京市西城区德外大街 83 号楼 9 层

邮　编　100088

电　话　(010) 64243832

印　刷　北京市十月印刷有限公司

开　本　890 mm×1240mm　1/32

字　数　95 千字

印　张　6

版　次　2017 年 12 月第 1 版

印　次　2017 年 12 月第 1 次印刷

定　价　68.00 元

文献分社出品

《古钟掌故》编委会

主　编

卢迎红　卢嘉兵

编　委

刘克全　杜　伟
焦晋林　杨　巍　郭　聪

统　稿

杨　巍　焦晋林

撰　者

（按姓氏笔画为序）

王　申　李小丽　杨　巍
高　川　曹　静　程　呈　程　澄

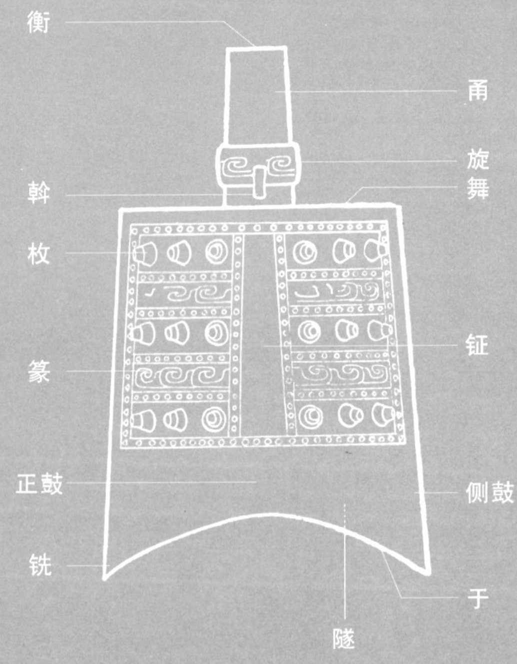

甬钟各部位名称示意图

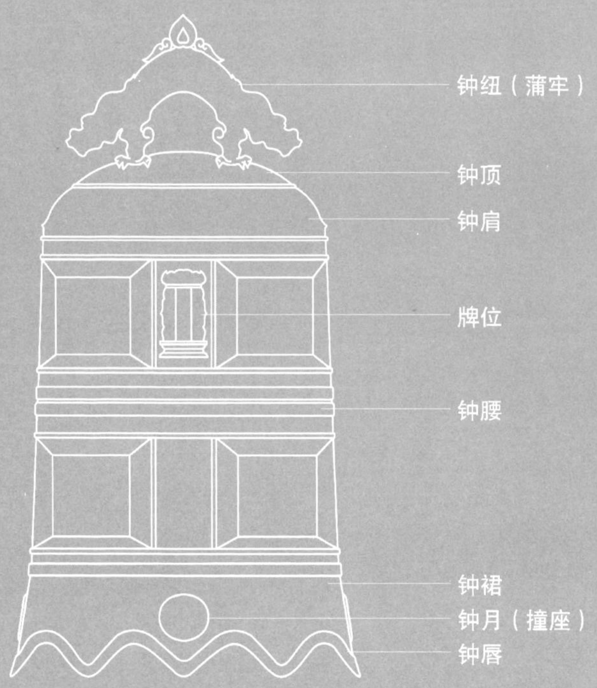

梵钟各部位名称示意图

序言

中国古钟文化源远流长，自成体系，是中华文明的重要组成部分。从距今五六千年的陶铃，到横截面为合瓦形的青铜乐钟，再到横截面为正圆形的梵钟，中国古钟历代相袭，不断传承。中国古钟器物分布广泛，南起琼崖海角，北至白山黑水，东抵舟山瀛海，西达滇藏边陲，神州各地都可以觅得古钟的踪迹。古钟是各族人民普遍使用的一种器物，是中华民族一份宝贵的历史文化遗产。

中国古钟类型繁富，形制各异，但大体上可以分为两类：第一类是合瓦形古钟，主要指早期乐钟，盛行于先秦时期，包括早期陶铃、铜铃、铜铙、甬钟、钮钟、镈钟、铜钲、句鑃、錞于等；第二类是正圆筒形钟，盛行于两汉至明清时期，包括佛钟、道钟、朝钟、坛庙钟、更钟、檐铃、金刚铃等。先秦时期，合瓦形钟体盛行，乐钟作为代表权力地位的礼乐重器占据主导地位；两汉以后，正圆筒形的古钟逐渐兴起，大行其道，广泛应用于儒、释、道宗教场所以及城市、官署、会馆等世俗民众聚集场所，成为人神之间、世人之间传递信息的重要工具。

钟铃类器物，作为中空体鸣的响声器，一开始即具有发声传递信号的实用功能。在漫长的历史发展过程中，古钟被赋予了更多的文化内涵：或为乐器，或为礼器，或为法器，或为报时器。“钟，秋分之音，万物种成，故谓之钟。”万物种成的秋季，一些带壳与核的植物脱水之后，成为人们用来晃动发声的原始器具，这一现象也许就是钟铃类器物的起源。“昔者黄帝以缓急作五声，以政五钟”、“黄帝命伶伦与荣将铸十二钟，以和五音，以施英韶”、“八音乐器金为首”，说明钟与乐关系紧密且地位崇高。“明摄谒者之诚，幽起鬼神之敬”，是古钟作为梵宫仙殿的法器所具有的独特作用。“镇军民而康泰，保卫府以平宁”，则是古钟报时预警、传递信号的真实写照。

钟不仅是一种文化，是一种思想，更是一种精神的象征。从庙堂之高，到江湖之远，古钟在人们心目中都具有崇高、公正、贤明的象征意义。古钟上的铭文、纹饰，以及铸造手法，从不同方面承载了丰富的历史文化信息，真实地反映了古人艺术创作的审美取向，同时也见证了古代社会科学技术的进程。钟铃构成了绚丽多彩的大千世界，这是全人类文化宝库的一份珍藏。研究、展示这份宝藏，无疑有着特别的意义。

《古钟掌故》这本书，是大钟寺古钟博物馆业务工作者在一线讲解工作岗位上通过对馆藏文物以及古钟知识的学习和讲解，经过梳理分析、沉淀提取，精心打磨写作而成。“掌故”一词，在汉代本是掌管礼乐制度的官名，后逐渐演变为介绍典章制度、人物事迹、历史故事和传说的一种文体形式。掌故之所以能够流传久远，源自其思想性、故事性、知识性和记录性等多重属性。本书中每篇文章着眼于介绍有代表性的古钟文物，同时引入历史上沉积下来的古钟典故与传说，祈望每个故事可以变作一段鲜活灵动的珍贵画面，或化作一段根植于人们内心深处的美好记忆，刷新古钟“生冷笨粗”的传统印象，带给读者全新的、灵动的钟铃文化体验。

《古钟掌故》一书力求通俗易懂，兼具知识性和趣味性，是博物馆青年业务工作者的一次写作历练，文中难免有谬误或不妥之处，敬请专家、读者批评指正。

舒小峰

2017年9月8日

古钟掌故

目录

钟王

永乐大钟，铸于明朝永乐年间，总重46.5吨，钟体内外及悬挂结构上遍铸汉文、梵文经咒，总计23万余字，举世无双。永乐大钟是中华民族青铜文明的标志，是华夏文明的瑰宝，因其存世历史悠久、钟声浑厚悠扬、铭文经咒繁多、悬挂结构巧妙、铸造工艺高超而被誉为“钟王”。

关于钟王的诞生有着如下一段历史故事：明太祖朱元璋定都应天（南京）后，分封诸子为藩王，镇守各地。然而，继位的皇太孙朱允炆却因深感诸位藩王叔叔们拥兵自重，威胁着他的皇位，便与亲信大臣兵部尚书齐泰、太常寺卿黄子澄等密谋削藩。这样的举动严重影响了地方藩王的利益，因此，时任燕王的朱棣在周王、齐王等兄弟相继被废后，终于

1（元）脱脱等撰：《宋史》，中华书局，1977 年，第 3009 页。

永乐大钟年款

决定以“清君侧，靖国难”为名，起兵南下，攻打侄儿朱允炆，夺取皇位。建文四年（1402）攻下帝都应天，朱棣在应天称帝，年号永乐。或许是因为这场争夺皇位的战争杀了太多人，朱棣内心惶惶不安，因此想通过铸佛钟诵经文以求得心灵慰藉。清代乾隆皇帝在《大钟歌》中就有“瓜蔓连抄何惨毒，龙江左右京观封。谨严难逃南史笔，忏悔讵赖佛寺钟”的诗句。也有人认为，明成祖朱棣把“靖难之役”和“定鼎”北京看作是自己的伟业，为昭此功德，他按照“唯功大者其钟大”[1]的说法，下令在北京铸造一口举世闻名的大钟。然而，以上仅为推测和传说，关于永乐大钟铸造的原因、铸造的方法，乃至具体时间都无文献记载。

永乐大钟，其重量并非世界之最，但是它的铸造年代，在世界大钟之林却最为久远，距今已有近 600 年的历史。在它问世 3 个世纪后，俄国沙皇曾下令铸造一口重 193 吨的大钟，然而，此钟在浇铸之后的冷却过程中，钟体出现了大裂缝，成为了一口从未敲响的哑钟。

除了年代久远，永乐大钟还是世界上铭文最多的大钟。钟体的内壁、外壁、口沿、钟纽、悬挂结构上遍铸铭文，包括明成祖朱棣御制的《诸佛世尊如来菩萨尊者神僧名经》以及《妙法莲华经》《般若波罗蜜多心经》《佛说阿弥陀经》《金刚般若波罗蜜经》《佛顶大白伞盖楞严陀罗尼经》《仁王护国陀罗尼经》等七部汉文佛经，以及《大悲总持经咒》《佛顶尊

2 高凯军、夏明明：《发现永乐大钟》，中华书局，2006年，第64页

胜总持经咒》等汉文、梵文经咒百余部，共计二十三万余字。更为难得的是，这些铭文中没有一点瑕疵，没有一处错字，可谓是匠心独运。在钟体款识附近铸有如下内容："惟愿如来阐教宗，惟愿大发慈悲念，惟愿皇图万世隆，惟愿国泰民安乐，惟愿时丰五谷登，惟愿人人尽忠孝，惟愿华夷一文轨，惟愿治世长太平，惟愿人民登寿域，惟愿灾难悉消除，惟愿盗贼自殄绝，惟愿和气作祯祥。"也许，这"十二惟愿"才是永乐皇帝朱棣的真实意愿，就是通过这样一口大佛钟，来宣扬他希望国家一统、安定富强的宏伟愿望。

凡铸钟，不仅要观其形，还要听其音。《诗经·大雅·灵台》中写到："于论鼓钟，于乐辟雍。"是说匀称的钟声，优美动听，能给在"辟雍"的人们带来无比快乐。关于永乐大钟，明代蒋一葵在《长安客话》中就曾有着"声闻数十里，其声谹谹，时远时近，有异它钟"的描述。经过测定，永乐大钟的余音可长达3分钟之久。还有拍频现象[2]，使钟声有大小起伏的节奏变化，让人在听觉上有时远时近之感。曾有专家给永乐大钟的钟声下了八个字的评语："幽雅感人，益寿延年。"

永乐大钟科学合理的力学悬挂结构，使其便于撞击，摆动自如，二百多年来安然无恙。永乐大钟通过正反两个U形铜环互相衔接，依托木质梁架进行悬挂。悬钟的梁架采用的是三层重叠纵横结构，将主梁所承受的重力分散到十个截

永乐大钟钟顶外壁梵文

永乐大钟钟顶外壁梵文

3 于弢：《大钟寺》，北京燕山出版社，2006 年，第 111 页。
4 夏明明、冯长根、杜志明、王永辉：《永乐大钟悬挂结构力学问题初探》，《文物》1990 年第 7 期，第 72 页。
5 高凯军、夏明明：《发现永乐大钟》，中华书局，2006 年，第 34 页。
6 吴坤仪：《明清梵钟的技术分析》，《自然科学史研究》1988年第 3 期，第 288—296、298 页。

面。支撑大钟的八根巨大贴金盘龙立柱，均向内侧倾斜，这是传统建筑施工中的“侧脚”技术，它对抗衡钟架的晃动和防止榫卯的滑脱，起着重要的作用。[3] 悬挂大钟的双 U 型环是靠一根 14.3×6.6 厘米截面、长 112.5 厘米的穿钉悬挂起来。经力学专家计算，发现穿钉虽小，承受力却在它的安全系数内，穿钉内部很可能是一根低碳钢芯。[4]

相关研究表明，永乐大钟的铸造方法叫作“地坑造型陶范法”。[5] 根据研究，大致推测其铸造步骤为：工匠们在铸钟厂内先在地上挖一个大坑，用泥为材料做成钟的内范和外范，焙烧成陶范，为了便于内外范套合在一起，大钟的外范则是分成七圈分别做好。同时请来书法家将钟体上的铭文阴刻在陶范上，其中，钟壁内部的铭文是反着刻在内范的表面，钟壁外部的铭文是反着刻在外范的里面。相传当时的书法大家、翰林院侍讲学士沈度就是其中之一。清代乾隆皇帝在《大钟歌》中也有“华严字迹传沈度”的诗句。随后，工匠们将七圈外范依次扣合到内范上，并且将提前铸造好的钟纽安放好，以便浇注时钟纽与钟体熔为一体。在钟的最上面还要预留浇灌铜液和排出空气的孔。浇注前，陶范预先加热，多座熔炉同时化铜，当陶范和金属熔液的温度达到铸造要求时，数座熔炉一齐倾注铜液，一气呵成。一口铜质精良、致密坚固、合金配比考究的大钟诞生了。[6]

通过成分分析，永乐大钟含铜 80.54%、锡 16.4%、铅 1.12%

永乐大钟云头纹穿钉

7 韩战明：《永乐大钟铸造工艺探索》，《大钟寺古钟博物馆建馆二十周年纪念文集》，北京出版社、文津出版社，2001 年，第 269 页。
8 高凯军、夏明明：《发现永乐大钟》，中华书局，2006 年，第 71 页。

以及其他少量金属元素。[7]这种青铜合金，与《考工记》中记载的“金有六齐，六分其金而锡居一，谓之钟鼎之齐”是相符合的。当含锡量在 15%—17% 时，青铜强度最高，而硬度适中，撞击的音响效果也最为洪亮，从而使得永乐大钟历经 600 年依然完好。[8]

永乐大钟，承载着永乐皇帝“敬愿大明永一统”的理想追求，凝聚着古代匠师们的高度智慧，闪耀着中华民族五千年金属文明的技术之光。永乐大钟无愧于“古钟之王”的美誉，研究和理解永乐大钟内涵具有十分重要的意义。

永乐大钟梵文种子字曼荼罗

永乐大钟

永乐大钟，铸于明永乐年间。青铜质地。通高675厘米，口径330厘米，重达46500公斤。现藏于大钟寺古钟博物馆。在永乐大钟一枚钟月上，铸有「大明永乐年月吉日制」9字年款。大钟钟体内外铸写了汉、梵佛教经咒，约23万余字。其中，汉文经咒共有7部佛经、9道佛咒；梵文则为100多道藏密佛咒。永乐大钟通过正反两个U形铜环互相衔接依托木质梁架进行悬挂。上U形环向下固定在梁架上，下U形环向上挂起永乐大钟，两个U形环通过一根铜穿钉锁定。铜穿钉仅有14.3厘米高，6.6厘米宽，却承载了永乐大钟46500公斤的重量，令人叹为观止。

永乐大钟三迁记

永乐大钟铸造于明代永乐年间，通高 6.75 米，钟体遍布经文 23 万余字。因讹传钟上铸有佛教经典《华严经》，所以古文献中经常可见称其为“华严钟”的记载。

关于永乐大钟铸造的原因并无文献记载。据民间传说，永乐皇帝朱棣是因为争夺皇位时杀了许多人，内心惶惶不安，因此铸佛钟以求心灵慰藉。清代乾隆皇帝在《觉生寺大钟歌》[1]中也有“瓜蔓连抄何惨毒，龙江左右京观封。谨严难逃南史笔，忏悔讵赖佛寺钟”的诗句。也有人提出，钟在古代作为政治符号是统治者歌功颂德的手段。朱元璋铸造太和钟时根据“昔黄帝有五钟。其一曰景钟。景，大也”的说法，提出了“惟功大者其钟大”的理念。明成祖朱棣很有可能是本着

1 《大钟歌》碑现存于大钟寺古钟博物馆。

2 （明）张居正撰：《张太岳集》卷12，上海古籍出版社，1984年2月，第11页。

3 （明）贺仲轼：《两宫鼎建记》，载王云五主编：《仪礼释宫及其他二种》（丛书集成初编），民国二十六年初版。

4 （明）蒋一葵：《长安客话》卷3，北京古籍出版社，第47页。

其父的这一理念下令铸造了永乐大钟。以上种种仅为推测，具体情况并无文献记载。

永乐大钟铸成于北京城内鼓楼附近的铸钟厂，铸成之后，被安放在了景山附近的汉经厂。汉经厂是明代的内府印经机构之一，是专门印制汉文佛经的场所。从铸钟厂搬至汉经厂，这是永乐大钟第一次迁移。

明万历五年（1577），万历皇帝之母慈圣李太后痴迷佛教，于是出资由司礼监太监冯保在西直门外督建万寿寺。《敕建万寿寺碑文》记载："初，禁垣艮隅有番汉二经厂，其来久矣。庄皇帝尝诏重修以祝釐延贶，厥功未就。今上践祚之五年，圣母慈圣宣文皇太后谕上若曰：朕一寺以藏经焚修，成先帝遗意。上若曰：朕时佩节用之训，事非益民者弗举。惟是皇考祈祐之地，又重之以圣母追念荐福慈意，然不可以烦有司。乃出帑储若干缗，潞王、公主暨诸宫御中贵，亦佐若干缗，命司礼监太监冯保等，卜地于西直门外七里许广源闸之西，特建梵刹，为尊藏汉经香火院。""工始于万历五年三月，竣于明年六月……上赐之名曰万寿。"[2]

与此同时，万历皇帝下令把汉经厂的永乐大钟迁到万寿寺安置。搬运的过程艰难且持久。明代袁宏道在诗文中描述："十龙不惜出禁林，万牛回首移山麓。沧海老霆行旧令，雒阳遗耇开新目。西山但觉神奸潜，易水不闻金人哭。道傍观者肩相摩，车骑数月犹驰逐。"可见动用的人力物力之多，时间持续之久。在机械并不发达的时代，要搬运大型物品，一般采用木车。而遇到永乐大钟这样形大量重的物体，古人则会利用自然条件进行运输。据《两宫鼎建记》记载，在修建北京故宫时需要运送大量的巨大石块进京。石材体量巨大沉重，为装卸和运输带来了极大的难度，尤其是故宫三大殿中道阶级大石。于是顺天府等八府的民夫造出一种旱船用来托运石材。运送时，各同知、州判等率领民夫，每一里挖一口井，隆冬季节时以井水泼地，使之结冰后形成冰道，再由军夫、民夫拖运装载着巨石的旱船在上面滑行，缓慢前进。永乐大钟也是参照这样的方法，从明代北京城中心的汉经厂运到城外西北方向的万寿寺的。[3]

永乐大钟移到万寿寺后，被悬挂在一座方形钟楼内，日供六僧击之。其钟声“声闻数十里，其声紘紘，时远时近，有异它钟”。[4]

天启年间，不知道什么原因，永乐大钟居然被落在了地上。《帝京景物略》记载：“钟不复击，置地上，古色沉绿，端然远山。”关于这一问题，民间有传说。明天启年间，北京城里突然出现一种传言：“帝里白虎分不宜鸣钟者。”当时的皇帝明熹宗朱由校害怕灾难临头，就降旨把大钟从钟楼上卸了下来，放置在地上。

清代雍正皇帝是一位笃信佛教的帝王。雍正十一年（1733），他见“西直门外曾家庄，有圆址爽垲长林加茂，

5 原碑现保存于大钟寺古钟博物馆，碑文拓片收藏于国家图书馆

左隔城市之嚣，右绕山川之胜，宜为寂静清修之地”。于是下令建造寺庙，并根据自己对于佛法的理解为寺庙取名“觉生寺”。在《敕建觉生寺》碑文中他这样描述这个名字的来历：“实无觉者，亦无觉之者，以无觉之觉，觉不生之生，斯朕之所谓觉生也欤。”[5]

觉生寺动土不久，内务府奏报和硕庄亲王等臣上书：“觉生寺在京城之乾方，在圆明园之巳方，钟之本体属金，若移安觉生寺后甚为合宜。若在京城之东南安设，位属贪狼木星，有金木之克，未为合宜。”而看觉生寺殿宇，中路建筑从前往后为五层，分别是山门、天王殿、大雄宝殿、观音殿、藏经楼，按照五行排列，刚好是金、木、水、火、土。因此，庄亲王等大臣认为，藏经楼属土，“若在阁后另建一层安设此钟，取金土相生之意，甚属妥协”。

乾隆八年（1743），永乐大钟从万寿寺搬到觉生寺（今大钟寺）。在觉生寺里，悬挂永乐大钟的钟架是由八根贴金盘龙立柱和三层横梁构架。八根柱子均采用古代建筑技术中的“侧脚”技术，以保证在最少的立柱支撑下架子的稳定性。安置好以后，又在其外围修建了一座二层高楼相护。此楼为上圆下方的二层楼宇，被人们俗称为“大钟楼”。为了保证楼内有足够的空间容纳包括钟架在内的永乐大钟，钟楼两层之间没有隔阂，上下相通。楼的下层呈方形，进深3间，中间仅以四根立柱支撑，留出了永乐大钟及钟架的空间。楼内

大钟楼

设有楼梯，可登上层。楼的上层顶部梁架结构为“抹角梁”，因此可以去掉楼内的立柱，使得整体呈圆形。上层四周修建有一圈宽约一米的围栏窄道，游人可扶栏观望大钟顶部。这样上圆下方的造型，也巧妙地暗含了古人“天圆地方”的世界观。

竣工后，乾隆皇帝亲自书写匾额“华严觉海”，并让人悬挂在钟楼檐下。他还作诗《大钟歌》镌刻成石碑放置在楼内东侧。诗中写道：“觉生鹿苑皇考创，材饬内帑群鸠工。谓是善吼周沙界，乃从旧寺移乘风。太清十里渺乎小，日日演梵闻离宫。扢考已廓苾刍眼，摩挲更畅骚人胸。不离一步钟如是，东西分别心犹蓬。”

新中国成立后，文物事业得到发展，文化遗产的地位和价值逐渐被世人认可。1957 年觉生寺即被列入北京市文物保护单位，1985 年大钟寺古钟博物馆正式对外开放。

现在，每年 12 月 31 日晚上，永乐大钟都会鸣响，人们在钟声里来迎接新一年的到来。

永乐大钟铸成于明代北京城钟楼西北的铸钟厂，该地今仍存有铸钟胡同的地名。永乐大钟铸成之后由铸钟厂迁入位于景山公园东北的汉经厂内。明代万历年间，李太后痴迷佛教，万历皇帝为讨母亲欢心，在京城西直门外为母亲修建万寿寺，并将永乐大钟搬到寺中安置。清代雍正十一年，和硕庄亲王允禄上书：“万寿寺钟事据员外郎管志宁主事洪文澜看得，觉生寺在京城之乾方，在圆明园之巳方，钟之本体属金，若移安觉生寺后，甚为合宜。”“觉生寺殿宇五层，后阁属土，若在阁后另建一层安设此钟，取金土相生之意，甚属妥协。如蒙皇上谕允，臣等会同苏和讷，将阁后悬钟一层另绘图呈览。谨奏。”乾隆八年，永乐大钟正式搬入觉生寺大钟楼。大钟楼，面阔三间，进深三间，五脊兽，前有青石须弥座，二层，上层为圆形，顶部梁架结构为“抹角梁”，下层为方形。建筑整体造型象征“天圆地方”。檐下悬挂乾隆御笔匾额“华严觉海”。

永乐大钟搬迁想象图

钟铃「摇篮」时期的

中国古代钟铃文化历史悠久，是华夏五千年文明史一个极富特色的缩影。我们常见的钟、铃多是用铜、铁或合金铸成的，而用陶土制成的陶铃和陶钟则非常少见。考古发现的两件新石器时期的陶钟是早期钟铃的代表者：一件出土于河南陕县庙底沟新石器时代仰韶文化遗址，距今已有近6000年的历史；一件出土于陕西长安斗门镇龙山文化遗址，年代约在公元前2300年至公元前2000年。陶制钟铃是否属于金属铸造钟铃的前身，目前没有定论。考古发现表明，用陶土制作器物是原始社会时期氏族生活的一种比较普遍存在的现象。用陶土制成的钟铃在新石器时代的遗迹中也时有发现，比如河南郑州大河村仰韶文化遗址[1]、湖北天门石家河

1《郑州大河村遗址发掘报告》,《考古学报》1979年第3期,第301页

2 王子初主编:《中国音乐文物大系·湖北卷》大象出版社,1996年,第10页

3 陈贤儒、郭德勇著:《甘肃皋兰糜地岘新石器时代墓葬清理记》,《考古通讯》1957年第6期

遗址[2]、甘肃皋兰糜地岘等地都出土过一些陶铃、陶钟[3]。龙山文化晚期的河南偃师二里头文化中就曾出土过铜铃，大约同时期的山西陶寺遗址也曾有红铜质地的铜铃出土。就时间顺序上来说，前述发现陶质钟铃的遗址年代显然要比发现金属钟铃的遗址年代偏早。尽管陶质钟铃与金属钟铃之间的关系并不像想象的那么简单，但是，有一点是可以明确的，那就是无论是新石器时代遗址发现的陶制钟铃还是后来的金属钟铃，都是我国历史上钟铃器物的早期形态，可以称之为摇篮时期的钟铃，由此也为尝试追索钟铃起源提供了条件。

除了考古发现提供的资料外，在我国古代的不少文献中，也还保留着关于早期钟铃起源的历史传说。

《周礼·考工记》中有“凫氏为钟”的记载。古人认为“凫氏”乃职掌做钟之事的官员，乐钟是由他发明的。《周礼·考工记》中还有一段说明文字，解释了凫氏其实是一种鸟。古人认为，天下之物最重的不过金子，最轻的不过羽毛。凫这种鸟，身上布满了羽毛，再轻不过了。而且凫的羽毛，放在水里不会沉下去，漂浮在水上也不会被水浸湿。想要让钟的声音清扬悠远，就得以凫氏做钟，钟声才能像羽毛一样轻。凫羽毛轻且不淫不溺的特性，使古人觉得用凫所造的钟声不仅悦耳，而且听了不会让人消沉。所以，古人造钟崇尚羽毛之轻也就是希望钟声像羽毛一样轻渺远扬。

《礼记·明堂位》中也有记载钟铃起源的传说：在尧

参考文献

1. 大钟寺古钟博物馆编：《青铜乐钟研究论集》，北京燕山出版社，2010年
2. 王与之：《周礼订义》卷73，《钦定四库全书荟要》卷1969
3. 李忠娟：《李纯一著〈先秦音乐史〉（修订版）史学方法研究探微》，天津音乐学院2013级硕士学位论文

帝时期，有一个叫“垂”的人发明了和钟，一个叫“叔”的人发明了编磬，而“女娲”则发明了笙簧。《山海经·海内经》里说，炎帝的后代鼓和延共同发明了乐钟。《管子·五形篇》则记载，黄帝根据声音的急缓铸造“五钟”，并分别对应五种颜色和五个音调。《吕氏春秋·仲夏纪》中则说，发明钟的并不是黄帝本人，而是黄帝命令一个叫伶伦的乐官和一个叫荣将的大臣共同铸钟，并且发明了音律，于是有了用来演奏的乐钟。

不论是凫氏为钟的传说还是唐尧时期的垂、黄帝、伶伦与荣将或是炎帝的后代鼓、延造钟的传说故事，它们以不同的形式向后人讲述着中国古钟文化的源远流长。

作为一类相对复杂的器物，钟、铃的发明和使用很难说是某一人所为。考古学家和音乐史学者研究表明，在原始社会时期，人类从自然声响、动物、生产劳动以及一些祭祀活动中得到了灵感，继而在漫长的生产活动和日常生活中创造了原始音乐与各类乐器。而陶土制成的钟铃可能源自于小型平底容器，或者脱胎于摇响器等生活器皿。事实上，考古工作中也的确有一部分陶钟正是在灶址旁边发现的，所以有了劳动产生了早期钟铃这一说法。

至于这些原始钟铃的用途，则至今也是一个难解的谜。或许是原始氏族首领用以召集众人的号令工具？或许是原始先民喜庆之时即兴舞蹈中用以节拍的乐器？或许还是巫师在

祭祀活动中凭借它穿越神人两界，与神人沟通的法器？抑或兼而有之。

历史悠久的钟铃文化是历经岁月沧桑的文明见证，它一直向我们无声地诉说着历史变迁，引领我们去揭示神秘的过去并探知玄妙的未来。

庙底沟陶钟
陶质
约公元前 3900 年
通高 9.3 厘米
口径 4—5 厘米。

斗门镇陶钟
陶质
约公元前 2300—前 2000 年
通高 12.5 厘米
口径 5.5—9.7 厘米。

常见铜铃举例

檐铃

装饰于庙、观、塔等建筑的檐角，风吹而发出声响。

山西悬空寺檐铃

銮铃

车铃，古人置于车轭顶上的铃，其状为一镂空的圆球，内含一小石，周边有环，下有一柄连铸一扁方銎，此扁方銎即套在车轭上。《诗·周颂·载见》「龙旂阳阳，和铃央央」，形容军旅的气势。

北京琉璃河西周燕国墓地出土

乐器铃

作为乐器演奏音乐而使用的铃。

江苏无锡鸿山越国墓地出土

宗教铃

常用于宗教法事活动中。

四川凉山毕摩铃

畜铃

牛、马、狗等家畜颈部佩戴的项铃，随家畜走动发出声响，起到声音提示的作用。

牛铃

服饰铃

在服饰制作中应用，起装饰作用。

少数民族服饰铃

缺少商音的编钟

编钟，是由大小相次的青铜乐钟排列组合而成的大型打击乐器，用于庙堂祭祀、婚冠丧葬、军事征战、宴享宾客等各种重大活动中。编钟类型丰富，广义的编钟包括多件编组的铜铙、甬钟、钮钟、鎛钟、句鑃、錞于等。在中国古代，编钟是上层社会专用的乐器，是等级和权力的象征。《礼记·礼运》记载："陈其牺牲，备其鼎俎，列其琴、瑟、管、磬、钟、鼓，修其祝嘏，以降上神与其先祖，以正君臣。"

一套编钟可以演奏出的音符多少与编钟的数量有直接关系。考古发现西周早期有三件一组的编钟，晚期有八件一组的编钟，到了春秋战国时期，编钟数量增多，甚至出现了如曾侯乙墓编钟那样六十四件一组的编钟。

1 王子初：《晋侯苏钟的音乐学研究》，《文物》1998年第5期，第29页
2 金叶：《"五音不全"的西周柞钟》，《广州日报》，2013年4月21日

早期的编钟，并非用于演奏华丽繁复的曲调，而是演奏旋律中的骨干音，用以加强音乐节奏，烘托气氛。《国语·周语》中有"钟不过以动声""金石以动之，丝竹以行之"的记载。古时演奏旋律的主体乐器，应是琴瑟笙管类乐器。因此早期编钟每组数量较少，通常为三件甬钟组成，音阶构成比较简单。

从中国编钟和礼乐制度的发展过程来看，甬钟所达到的科技水平和文化成就最高。甬钟，出现于西周初期，其主要形制特征是舞部正中有一个圆柱状的"甬筒"，在甬筒上有悬挂结构"旋"和"斡"，钟体上铸有凸起的"枚"。斡与旋配合使用，使甬钟可以悬挂演奏；钟枚既是甬钟的装饰，也起到调节音色的作用。

在大钟寺古钟博物馆的展厅里，有一套八件一组的甬编钟，是西周柞钟的复制品。西周柞钟是1960年在陕西省扶风县齐家村出土的，现藏于陕西历史博物馆。柞钟是比较典型的西周中晚期的编钟，一组八件，形制、纹饰基本相同，大小递减。钟的鼓部饰有一对卷唇回首的夔龙，篆间饰双头兽纹，舞部饰云纹。钟体上有铭文，前四件稍大的甬钟都铸有一篇相同的铭文，后四件稍小的甬钟所铸文字合起来为一篇完整的铭文，内容与前面四枚大钟的铭文相同。铭文全文如下：

"隹王三年四月初吉甲寅，仲大师右柞柞易载、朱黄、

銮。嗣五邑甸人事。柞拜手对扬仲大师休。用乍大林钟，其子子孙孙永宝。”

这段铭文大意是说柞这个人在三年四月甲寅这一天受到周王的册命和赏赐，感到非常荣幸，因此铸钟纪念。

柞钟八件一组，其音域已达到了三个八度，但是这套编钟音列缺少“商”音，也就是说这套编钟是“五音不全”的。按照传统的中国乐律，中国音律中的五音，称为宫、商、角、徵、羽，也就是 do re mi sol la。西周柞钟，每个钟的正鼓部和侧鼓部可以分别敲出的一个音，这两个音相差大三度或小三度。钟的内壁还有用于调节音高的调音槽，古人称之为“隧”。有学者研究发现，西周时期编钟的音列，几乎全是由宫、角、徵、羽四声所组成的，直到西周末期，山西闻喜上郭村编钟上才出现了“商”音[1]，这可能与“雅乐”常用这种调式有关系。另有一种说法，周人在政治上敌视商朝，不喜“商”这个名字，故弃之，只用其余四音，所以西周编钟就成了“五音不全”的乐器了。[2]

柞钟

柞钟，西周晚期，甬编钟。青铜材质。1960年陕西扶风齐家村出土，同出一套八件，形制、纹饰基本相同。钟的鼓部饰有一对卷唇回首的夔龙，篆间饰双头兽纹，舞部饰云纹，斡部饰有目雷纹。最大的一件柞钟通高52厘米，甬长16厘米，铣间33厘米，重26.65公斤。西周柞钟现藏陕西历史博物馆

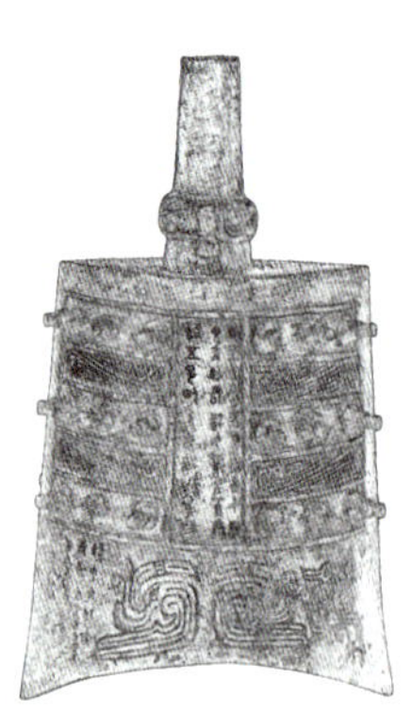

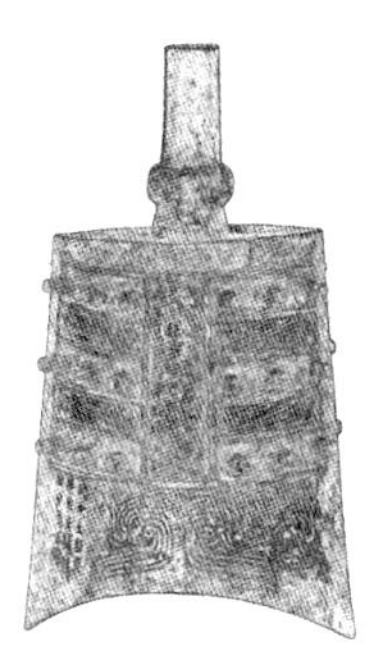

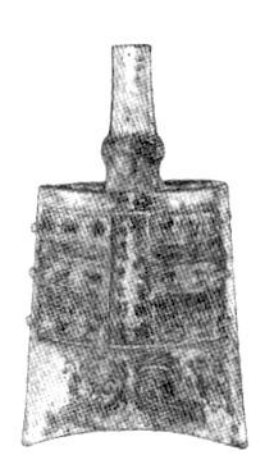
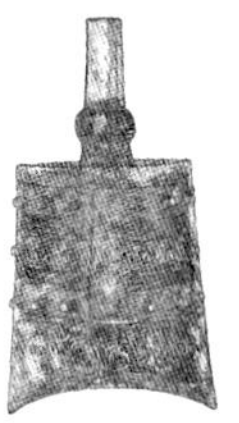
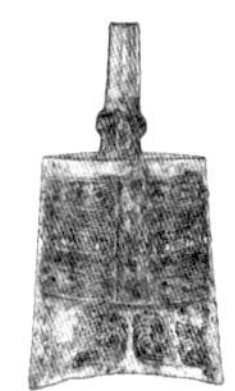

先祖受天命 铭记秦公镈

镈是中国古代的一种打击乐器。在商周时期，它还是一种重要的礼器。[1]《仪礼》郑玄注曰：“镈如钟而大，奏乐，以鼓镈为节。”镈作为乐器，用途与鼓相同，是用来打击节奏的。

关于镈的起源，并没有定论。其称谓也不同，曰：钟、镈或镈钟。镈的主要特征为平口，体型呈合瓦形，与铃相似，纽为环形，枚较短，有些镈两侧饰有扉棱。在殷商时期南方湘赣流域，镈曾以特镈的形式出现，属于祭祀礼器。有学者认为，镈从湘赣流域传到中原地区，经历了祭祀之器到礼乐之器的转变。[2]镈作为乐器是周朝礼仪文化的一部分，周人在祭祀和宴飨的时候会成组的使用。镈的使用有着严格的规

1 仇凤琴:《商周镈之考古学研究》,《文物春秋》2004年第1期,第32、36页
2 张霞:《从乐悬和铭文来看镈入中原的功能转变》,《大众文艺》2013年10月,第153页

定，只有天子和诸侯才能享用镈。越是等级高的贵族，越注重礼制。秦公镈就是秦人学习周礼的见证。

秦公镈1978年出土于陕西省宝鸡县太公庙村，该次发掘共出土青铜器8件，其中5件为秦公钟，3件为秦公镈。它们均铸造于春秋时期。3件秦公镈均铸有铭文，且铭文完全相同，只是行款有所差异。在3件秦公镈上铸有“秦公曰：我先祖受天命，赏宅受国。烈烈昭文公、静公、宪公不坠于上，昭合皇天，以虩事蛮方。公及王姬曰：余小子，余夙夕虔敬朕祀，以受多福，克明厥心，戾龢胤士，咸畜左右，蔼蔼允义，翼受明德，以康奠协朕国，盗百蛮，具即其服，作厥龢钟，灵音肃肃雍雍，以匽皇公，以受大福，纯鲁多釐，大寿万年。秦公其畯紾在位，膺受大命，眉寿无疆，匍有四方，其康宝”135字铭文，讲述了秦襄公被赏宅受国，并与秦文公、秦静公、秦宪公三代世系，共同努力把秦国从一个偏居西部一隅的弱小部族，建立成强大的诸侯国的历史故事。

陕西省考古研究所研究员田亚歧在接受中央电视台《国宝档案》栏目采访时说道：“秦最早发源于今天甘肃省天水地区。周朝早期，它只是一个西部边境的小部落，但秦的祖先志向远大，不仅在政治和军事上不断加强，而且在文化上也积极学习周朝的礼仪。长期以来，秦一直没有得到西周王室的认可，直到周孝王时期这一情况才有所改变。秦部落因为善于养马，被周孝王看中，允许其成为周王室的附庸，秦

人第一次越过陇山，到达了今天陕西省宝鸡地区。由此，秦部落的崛起开始与周朝王室的衰败相伴而行。”

西周末年，周幽王为了讨好褒姒废掉了申后和太子姬宜臼，改立褒姒之子为太子。申后的父亲申侯非常气愤，怀恨于心，于公元前771年，联合犬戎等部落攻入周朝的国都镐京。幽王因“烽火戏诸侯”而失信于各诸侯国，导致虽然烽火报警，但各国诸侯害怕再次被戏弄，都没有发兵前来勤王。镐京被攻下，从此西周灭亡。

在此期间，正值秦襄公在位，他认为西周灭亡对于秦国来说是个绝好的时机，于是决定立即出兵护送申后所生的姬宜臼迁都洛邑（今洛阳），是为周平王，东周政权登上了历史的舞台。周平王为了感激秦襄公护驾之举，封秦为诸侯国，并把今天宝鸡附近的扶风和岐山一带封给了秦襄公。然而，周平王赏赐给秦的封地当时却是被戎狄占领的地区，这样的封赏只能算是个空头支票。秦襄公并不甘心，他率领军队开始了以武力驱赶戎狄的军事行动。

公元前766年，秦襄公为了将犬戎赶出周平王封给他的土地，带兵讨伐犬戎，最终战死沙场。秦襄公去世后，秦文公、秦静公、秦宪公继续与犬戎作战，为立国打下了坚实的基础。

秦宪公即位后，他继续向东扩展，把都城由汧渭之会迁到了宝鸡县太公庙一带。秦公镈上记载的“虩事蛮方”正是这段历史的真实写照。在东进的过程中，秦人一共建了西垂、秦邑、汧邑、汧渭之会、平阳、雍城、泾阳、栎阳和咸阳 9 个都邑，许多都邑的地理位置如今已成为历史之谜。在秦襄公之后，秦文公、秦静公和秦宪公努力提高国家的实力，使秦国发展很快，最终在陕西关中地区站稳了脚跟，为秦国的强盛打下了基础。

在秦国的发展过程中，虽然还有许多未解之谜有待解开，但秦公镈的出土进一步证明秦国的强大是经过几代国君不懈努力才建立起来的。秦在发展的过程中，呈现出多元文化并存的现象。秦国不断地吞并许多藩国和部落，包容和吸收外部的先进文化加以利用，最终形成自身的一个博大精深的文化体系。

秦公镈，铸于春秋时期。青铜材质。1978年出土于陕西省宝鸡县太公庙村，此次出土了三件秦公镈，三件镈的形制基本上是一致的，只是大小有所不同。三号镈通高64.2厘米，镈身高46厘米，舞宽26.6×22.4厘米，重约46.5公斤，鼓下沿有两个缺环，鼓部外侧有浇铸时留下的双范印痕。二号镈通高69.6厘米，镈身高50.8厘米，舞宽28.4×24厘米，重56.25公斤，鼓部下沿口有四个缺口。一号镈通高75.1厘米，镈身高53厘米，舞宽30.4×26厘米，重62.5公斤，鼓部下沿有四个缺口。现收藏于宝鸡青铜器博物院。三件镈身都有四道扉棱，侧旁两扉棱，9条飞龙蟠曲而上，上延至舞部，并连接成组。前后两扉棱由五条飞龙和一只凤鸟蟠曲而成，在舞部各有一龙一凤，相背回首。镈身上下还装饰有卷龙纹和蝉纹。每件镈皆有135字铭文，铭文内容相同，只是行款有所差异。

秦公镈

琐谈

「击鼓鸣金」

子曰："礼云礼云，玉帛云乎哉；乐云乐云，钟鼓云乎哉。"[1]

孔子把"钟鼓之乐"看得如此重要，其实是有原因的。自商末周初礼制形成以来，以钟、鼓、钲、铙、錞于等青铜器为载体的礼乐体系就在社会生活中扮演着重要角色。"诸乐皆和之以钟律，文之以五声，咏之于歌辞，陈之于舞列。宫悬在庭，琴瑟在堂，八音迭奏，雅乐并作，登歌下管，各有常咏"[2]，不正是钟鼓乐礼在贵族生活中的写照吗？不仅如此，在"国之大事，在祀与戎"的时代，钟鼓之乐的伟大意义更体现在宗庙祭祀和军事礼仪中。而其中，当以人们耳熟能详的"击鼓鸣金"最为典型。

1 张燕婴译著：《论语·阳货》第17篇11章，中华书局，2007年，第269页

2 （唐）房玄龄等撰：《晋书》卷23（志）第13乐下，中华书局，第3册，第697页

3 李梦生撰：《左传译注》庄公二十九年，上海古籍出版社，1998年，第164页

“击鼓鸣金”是指在古代战争中，配合行军打仗使用的一种军事礼仪。在战争频繁的春秋战国时期，各国交战力求于遵守“礼”制，严守信义，不以阴谋狡诈取胜，两国交战前要讲清楚战争原因，齐备金鼓，然后才能开打，即“凡师有钟鼓，无曰侵，轻曰袭”。[3]而金鼓讲和谐之音，行止有序，动静有节。两军交战时听到击鼓声则动，即发动进攻；鸣金则止，也就是收兵的信号。

所击之鼓比较好理解，而所鸣之“金”样子则比较多，主要是指钲、铙等青铜器。颜师古曾解释说“金谓钲也”，“鸣金”实为“鸣钲”。另一种说法认为“金”即是“铙”。《周礼·地官·鼓人》中有“以金铙止鼓”，郑玄注曰：“铙，如铃，无舌，有柄，执而鸣之，以止击鼓。”贾公彦疏中有“进军之时击鼓，退军之时鸣铙”之说。“铙”在古代也是青铜制钟类打击乐器，又叫“金铙”，所以“鸣金”又可以说成“鸣铙”，《夏官·大司马》就有“鸣铙且却”的话。还有人认为“金”就是“钟”。郑玄注《周礼·春官·大师》有“金，钟镈也”的解释。《元史·礼乐二》“武舞器”则有“金钲，制如铜槃，悬而击之”的说法。“槃”就是“盘”，形扁而浅，多为圆形。后来也有人认为“金”是“锣”。“锣”也是一种铜制打击乐器，用槌敲打。只是不知以“铜锣”为收兵的信号始于何时，想来应该是晚近的事。实际上，随着古代礼乐制度的兴衰起伏，礼乐之器的范围也不是一成不变的，只不过无论是哪种铜器，古代的人们都有把铜统称为“金”的

参考文献

1. 段开正：《论春秋战争礼仪与军事文化——以〈左传〉为中心》，青岛大学，2005年
2. 陈壁耀：《"鸣金"之"金"指什么》，《咬文嚼字》2013年12期
3.（明）冯梦龙编著，（清）蔡元放校订：《东周列国志插图本》第51回，齐鲁书社，2005年
4. 湖南省博物馆首都博物馆编：《凤舞九天——楚文化特展》，科学出版社，2015年

习惯。这很大原因是由于青铜在铸造之初并非青绿色，而更趋于熠熠发光的金色。

钲是西周末期出现的一种青铜器，属于广义"钟"的范畴。它的造型一般为口沿呈弧形，钲体上宽下窄，下有中空长柄，可置于器座上，敲击能发出声响；也有环纽钲，可以悬奏。钲在战争中常与鼓配合，用于战争中指挥进退。

钲在军事礼仪中所发挥的"行止有序，动静有节"的作用自不待言，不少考古发掘中出土的铜钲也说明了这一点。比如出土于湖南平江瀚江茶厂的一件虎纹铜钲，此钲出土时伴有剑、戈等物，当为军礼乐器。除此之外，翻阅史籍，关于钲还有着一个有趣的传说。春秋五霸之一的楚庄王的先祖若敖，曾将一个庶出的儿子封在了斗地，史称"若敖氏"。到了楚庄王时期，若敖氏传到斗越椒一代，楚庄王封斗越椒做令尹。斗越椒心有不甘，准备叛乱。楚庄王从大局出发，开始时采取妥协态度，但斗越椒骄狂已极，拒不臣服。楚庄王于是亲领大军出征，陈兵于漳河岸边。此后不久，两军交战于皋浒（今湖北襄阳）。斗越椒向楚庄王连射两箭，一箭穿过车盖，一箭射在悬挂在战车上的铜钲上，本来作为军事礼器的铜钲替楚庄王挡住了射来的利箭，可谓是做了一回楚庄王的"救星"。

传说的真假尚需考证，不过，"鸣金"无论是指"鸣钲"还是"鸣铙"，或是"鸣钟""鸣锣"，其礼乐内涵基本上都是一致的。从这个意义上说，它们都是诠释"礼乐之邦"的重要使者。

铜钲

铜钲盛行于春秋战国时期，口沿呈弧形，钲体上宽下窄，下有中空长柄，可置于器座上。钲体厚重，又称「镯」「丁宁」，是古代军旅行进时所用乐器。

一钟双音与曾侯乙编钟

编钟，是指由音调高低不同的一组青铜乐钟组成的大型打击乐器。编钟是中国先秦时期具有代表性的礼仪乐器，也是中国青铜时代最富民族特色的音乐文物之一。自商周时期以来，历代君王以“功成作乐”为第一要务；而“作乐”之中，均以造律钟为重。[1] 关于编钟音律有这样一个故事。

1957 年，河南信阳长台关一号墓出土了一套春秋时期的编钟，共计十三件。民族音乐研究所立即成立了调查小组，对该套编钟进行了测音。担任敲钟测音的孟宪福同志发现编钟缺少“si”音，经过多次测试，他在一件编钟的钟枚上敲出一个音色、音量稍差但音高接近的音，并利用此音完整地演奏了乐曲《东方红》。这次试音虽然在一个钟体上敲出了

1 王子初：《我们的编钟考古》（上），《中国音乐学》（季刊）2012年第4期，第25页

2 秦序：《先秦编钟"双音"规律的发现与研究》，《中国音乐学》（季刊）1990年第3期，第56—57页

不同的音，但是人们却没有注意到古老的编钟隐藏着"一钟双音"的秘密。

1977年，由黄翔鹏参与的考察小组在测试山西侯马十三号墓出土的一套编钟时，按往常惯例，测试了各钟的正鼓音。但由于第二号钟、第三号钟都已哑，不能够反映原来的实际音高，更不能完整地演奏乐曲。此时，有人想起信阳编钟演奏《东方红》的事例。于是，黄翔鹏开始尝试敲击钟的不同位置。他们发现从第四号钟起，每钟右鼓部位都能敲出刚好与正鼓音相差三度的声音。仔细观察钟的右鼓位置，发现了锉磨调音的痕迹。黄翔鹏认为这是"一钟双音"的力证，也就是说一件编钟可以发出两个乐音。随后黄翔鹏又对另外几个墓葬出土的编钟进行了研究，发现这种现象确实有一定规律性。不过，由于"一钟双音"的铸钟方式并没有明确文献记载，他的这种大胆推测，当时并不容易被学界接受。[2]

直到1978年，曾侯乙编钟的出土证明了黄翔鹏的猜想完全正确。在65件编钟之上，所有钟均能发出双音，并与该钟正鼓、右鼓铭文标音相符。每件钟均铸有标音铭文及乐律铭文两类。标音铭文以徵、羽、宫、角为主。乐律铭文列举楚、晋、周、齐等地与曾国律名、阶名、变化之间对照关系。另外，钟腔内壁的调音痕迹也很明显。"一钟双音"得到了学术界的认可。

曾侯乙编钟的出土，引起了国内外各界人士的广泛关

钟虡铜人

注。敲击钟体所呈现出的“一钟双音”现象，更是给考古工作者以及音乐工作者带来了巨大的惊喜。“双音”之谜得到了出土实物的证实，这是考古史和音乐史上的一个重大发现。那么，是什么原理造就了“一钟双音”呢？

中央电视台一频道《见证——发现之旅》栏目曾采访过王子初先生。王先生讲道：“1979 年，在武汉机械工艺研究所里，科技工作者费尽周折，终于在曾侯乙编钟上找到了一些金属残渣，通过化学光谱分析等技术鉴定，确切地分析出编钟的铜、锡、铅的比例以及微量元素的含量。然而事实上金属成分的判断跟双音技术是两回事，并没有必然的联系。而金属成分，也就是我们说的合金配比，是跟钟的音色、发音有关。”

根据金属的性质，纯铜是比较软的，发音也不好听，不适合做乐器。在纯铜中加入一定比例的锡或是铅，就能增加它的硬度，使音乐性能得到改良。但是如果锡的成分过多，铜合金的质地就更硬，变得容易碎裂，声音也不会圆润。通过大量已经出土的商周古钟来看，古人已经完全掌握了当时的合金配比的技术。金属成分的配比决定的是编钟的音色，而并非“一钟双音”。排除了这个可能性之后，科技工作者再次尝试寻找新的研究视点。

通过仔细观察，人们发现曾侯乙编钟的横截面不是常见的圆形，而是由两段圆弧扣合组成的合瓦形，圆弧夹角形

成的两铣为锐角，铣边有棱。于是人们猜测“一钟双音”的奥秘会不会就隐藏在独特的结构里。

科学实验证明了这个猜想的准确性。由两段圆弧组成的合瓦形，使一件钟上同时存在两种不同的基频，也就是基音的频率，它决定整个音的音高。两种震动模式交叉叠置，于是在分别敲击钟的正鼓部和侧鼓部时就可以发出两个不同的乐音。

解开曾侯乙编钟“一钟双音”之谜后，世界考古学界为之震惊。两千多年前就有如此精美的乐器，如此恢宏的乐队，在世界文化史上是极为罕见的。时至今日，编钟作为中国文化使者拉近了中国与世界的距离。2008 年在北京奥运颁奖仪式上播放了编钟乐曲《金玉齐声》，中外观众在一次次犹似天籁之音的“金声玉振”中，见证了一枚枚奥运金牌的诞生。

曾侯乙编钟与中国编钟的“一钟双音”技术是我国青铜铸造工艺的巨大成就，更表明了中国古代音律科学的发达程度。编钟是中国古代人民高度智慧的结晶，也是中华民族的骄傲。

楚王镈钟钟纽

曾侯乙编钟

曾侯乙编钟，铸于战国时期。青铜材质。曾侯乙编钟由19个钮钟、45个甬钟，外加楚惠王送的一件大镈钟共65件组成。编钟分为三层八组：上层3组为钮钟，19件；中层3组为甬钟，33件，分短枚、无枚、长枚三式；下层为两组大型长枚甬钟，12件，另有镈钟1件。最大的1件通高152.3厘米，重203.6公斤；最小的1件通高20.2厘米，重2.4公斤，在演奏中能起定调作用。现收藏于湖北省博物馆，是中国出土的最大的青铜编钟。钟上大多刻有铭文，上层19枚钮钟的铭文较少，只标有音名，中、下层45枚甬钟上不仅标着音名，还有较长的乐律铭文，详细地记载着该钟的律名、阶名和变化音名等。

曾侯乙编钟铭文

曾侯乙编钟下层甬钟

千年韵 宝室钟声

宝室寺铜钟铸造于唐太宗贞观三年（629），是我国国内所藏有明确纪年最早的梵钟。

虽然目前仅见的史料中并没有关于中国梵钟起源的明确记载，但有学者认为，梵钟的出现要晚于先秦乐钟。从造型来看，与先秦乐钟多为合瓦形不同，中国梵钟的截面都是正圆形的。隋唐时期，梵钟的样式受到外来文化因素的影响，呈现出以长江为界北方钟与南方钟两种钟体。

唐代南方钟样式继承了南北朝时期梵钟形制，钟体为近似垂体的桶状造型，底口平齐、圆润。撞钟点靠近钟体中部。钟体纹饰以简单的线条装饰为主。

与南方钟不同，唐代北方地区的梵钟的样式表现为：

1 孙机：《中国梵钟》，《考古与文物》1998 年第 5 期，第 6 页。

自圆形钟顶之下至口沿处呈喇叭状微微外敞，钟口为莲花瓣状的波浪形。钟体装饰则承袭早期用方格状粗线条将钟体分割为若干区域的样式。钟顶、方格内、口沿处有装饰性纹饰。

宝室寺铜钟即是中国北方钟的典型代表。钟整体造型为敞开的抛物线，钟口有波曲，形似荷叶，俗称“荷叶口”。有学者认为，“荷叶口”的出现与早期中国佛塔上所悬挂的铜铃的铃舌有着一定的联系。有些铃舌在悬挂的时候露在铃口之外，与铃口混合为一条波状曲线，形成“荷叶口”。[1] 撞钟点位于钟体下方。钟上纹饰较为丰富，由几何纹和葵花纹组成的宽带条纹把钟体分为三部分，并出现了飞天、朱雀、青龙等。

宝室寺铜钟距今已有一千余年的历史，它是国内存世的最早唐钟，也是国内现存最早的大型梵钟。说起这口钟的存世历史，其中还有一段故事。

1941 年 12 月，时任陕甘宁边区政府主席的林伯渠来到当时的鄜县（今富县）进行巡视。公务之余，林老参观了鄜县名胜古迹——宝室寺。当林老在宝室寺见到了这口大铜钟，立即被眼前的“天下第一钟”的隽秀图案和铸造工艺深深吸引。面对国宝，他诗兴大发，即兴为此钟赋诗一首：“霜笼鄜畤月如钩，玉女泉清水自流。宝室钟声依旧在，千年余韵想唐初。”并要求当地政府要好好妥善保护好这口大铜钟。

1948 年，国内战争时期，国民党胡宗南进攻延安。当

2 于弢:《林伯渠与富县铜钟》,出自《中国古钟传说故事》2003年版,大钟寺古钟博物馆编,北京天津出版社出版,第260—261页。

时战事告急,敌我双方都需要大量铜铁作为原料,用以制造兵器。这时,林伯渠突然想起鄜县宝室寺铜钟,怕被敌人找到,大钟的处境甚是危险。于是,林老连忙委托延安分区专员李景林、张育民,让他们一定要嘱咐鄜县注意保护铜钟,将其隐藏起来,勿使其有半点损伤。

李景林与张育民两位同志受林老的委托,急忙给鄜县的两位县长苏耀亮、宋居义写了一封信:"据说你县有铜钟一口,林老主席对此物很关心,希切实调查,如确有此物,应妥为保存,并函告林老。"

两位县长收到信后,不敢耽搁,立即派人进行了调查,遂复函请示是否要将铜钟运往延安保护。不久,边区政府秘书处函告他们:"兹经主席批示:你处钟鼓楼铜钟,务请加意保护,免使损失或破坏,不必运来延安。"[2]

鄜县政府接到林老的批示后,苏耀亮、宋居义两位县长马上带人制定了具体周密的安全措施,才使铜钟完整无损地保存下来。

宝室寺铜钟历经千年沧桑神韵依旧,享有"天下第一古钟"美称,如今它被完好地收藏于陕西富县太和宫钟楼内。

宝室寺铜钟

宝室寺铜钟，铸于唐贞观三年（629）。青铜材质。钟通高156厘米，口径136厘米，重约1500公斤。现收藏于陕西富县太和宫钟楼。钟体整体造型呈抛物线形，底口外张，作波浪状，钟体的分区比较大，分区之间有缠枝花卉，区域内铸有36个乳钉。在钟体上部三面各铸一飞天，飘然腾空；中部铸有凤鸟纹；底部铸有青龙和白虎纹饰。钟体有铭文，共22行，318字。宝室寺铜钟是国内现存最早的梵钟，它是唐代北方梵钟的代表，这种梵钟的造型对中国宋辽金元时期的梵钟形制产生了深远影响。

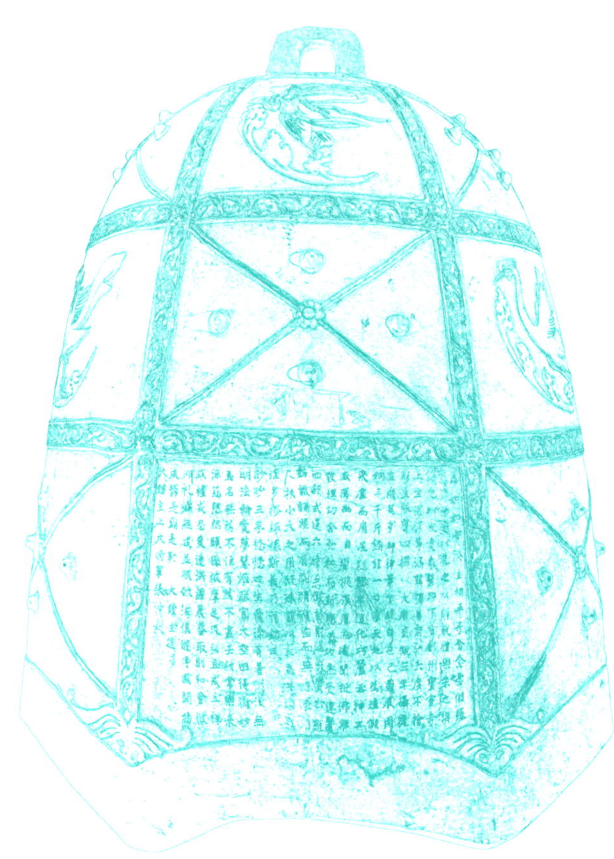

紫宸御历 景云钟

有唐一代，道教盛行。李唐皇室不仅尊老子李耳为远祖，唐高宗李治即位后，于乾封元年（666）二月还为老子李耳追号为“太上玄元皇帝”。[1]铸造于唐睿宗时期的景云钟即是唐代道教文化的重要物证。景云钟，因其铸于唐景云二年而得名，又因其最早悬挂于唐长安城景龙观钟楼上，故长期以来文献记载多称之为“景龙观钟”。

景龙观，《新唐书》中记载：“长宁公主……东都第成，不及居，韦氏败，斥慎交绛州别驾，主偕往，乃请以东都第为景云祠。”[2]《资治通鉴》中则记载为：“景龙观在长安城中崇仁坊。申公高士廉宅西北左金吾卫。神龙元年，并为长宁公主宅，韦庶人败后，遂立为观，仍以中宗年号为名。”[3]

1 （后晋）刘昫等撰：《旧唐书·本纪第五·高宗下》，中华书局，1975 年，第 90 页。
2 （宋）欧阳修、宋祁撰：《新唐书·列传第八》，中华书局，1975 年，第 3653 页。
3 （宋）司马光编著，（元）胡三省音注，标点资治通鉴小组校点：《资治通鉴》卷 215，中华书局，1956 年，第 6870 页。

其中“仍以中宗年号为名”，则应该叫作“景龙观”。虽然两文献在叫法上有所出入，但它的建筑原本是长宁公主的宅院应是事实。而景云钟的铸造，则是“改宅为观”的第二年，它铸好后便被放置在景龙观的钟楼内。

景云钟的钟体上铸有龙、凤、狮、牛、鹤、飞天等图案纹饰，以及铭文 292 字。铭文内容如下：

原夫一气凝真，含紫虚而构极；三清韫秘，控碧落而崇因。虽大道无为，济物归于善贷；而妙门有教，灭咎在于希声。景龙观者，中宗孝和皇帝之所造也。曾城写质，阆苑图形。但名在骞林，而韵停钟簴。朕翘情八素，缔想九玄，命彼鼓延，铸斯无射。考虞倕之懿法，得晋旷之宏规。广召鲸工，远征凫匠，耶溪集宝，丽壑收珍。警风雨之辰，节昏明之候。飞廉扇炭，屏翳营炉。翥鹤呈姿，蹲熊发状，角而不震，侈而克扬。庶其晓散灵音，镇入鹓鸾之殿；夕腾仙韵，恒流鳷鹊之闱。聋俗听而咸痊，迷方闻而永悟。洪钧式启，宝字攸镌。其铭曰：紫宸御历，青元树音。倾岩集宝，竭府收珍。杜夔律应，张永规陈。形包九乳，仪超万钧。上资七庙，傍延兆人。风严韵急，霜重音新。自兹千岁，从今亿春。悬玉京而荐福，侣铜史而司辰。

景云二年太岁辛亥金九月癸酉金朔一十五日丁亥土铸成。[4]

铭文一开始就宣扬了道家的教义，之后描绘了景龙观

4（日）足立喜六著，王双怀、淡懿诚、贾云李译：《长安史迹研究》，三秦出版社，2003年，第193—198页。庾华：《钟铃文物探微》，北京燕山出版社，2014年，第50—58页。

5（明）赵崡：《石墨镌华》，中华书局，1985年，第17页。

6（清）杨宾著，柯愈春点校：《大瓢偶笔》，浙江人民美术出版社，2012年，第47页。

7（后晋）刘昫等撰：《旧唐书·本纪第七·睿宗》，中华书局，1975年，第151页

其形制犹如仙乡，好比昆仑山之巅那西王母居住的地方一样美丽。而唐睿宗李旦仰慕道家至高的境界，于是命令像“鼓延”那样的铸钟名匠，铸成像“无射”那样的大钟，考究“虞倕”铸钟的好方法，得到“晋旷”的典范。广泛召集懂得钟声音律和铸钟的名匠，在“耶溪”和“丽壑”收集材料，由风神“飞廉”鼓风，神祇“屏翳”营建炉子。仙鹤有着振翼而上的姿态，蹲熊有发作的样子，大钟钟口不大不小，很是得体。希望它早上发出的声音能传到鹓鸾宫殿；晚间飘起的仙韵，能传到鳷鹊之观。愚昧无知的世俗听了都能恢复，迷失方向的人听了就可以永远彻悟。大钟标准的样子已经做成，并将铭文刻在上面。

从铭文内容可知，该铭文还为唐睿宗李旦御制。明代赵崡在《石墨镌华》中记载：“景龙观者，中宗所作，景云二年，睿宗为之铸钟制铭也。字正书而稍兼篆隶，奇伟可观。”[5]清代杨宾《大瓢偶笔》中也记载：“唐睿宗书，见诸纪载者，有《武士彠碑》《杨氏碑》……《景龙观钟铭》。以余品之，当以《铭》为第一，盖其古奥浑厚，绝非他碑可及也。”[6]由此可见，该钟铭文还为唐睿宗李旦御书，并受到了明清之际文人墨客的青睐，同时也印证了“睿宗……谦恭孝友，好学，工草隶，尤爱文字训诂之书”[7]的说法。铭文中提到“悬玉京而荐福，侣铜史而司辰”，表明了这悬挂在景龙观钟楼上的铜钟，是为人们祈福和报时之用。

8 大钟寺古钟博物馆:《中国古钟传说故事》,文津出版社,2002年,第238—240页。
9 (日)足立喜六著,王双怀、淡懿诚、贾云李译:《长安史迹研究》,三秦出版社,2003年,第193—198页。

关于景云钟的传说有很多，其中就有一个钟哑谏唐玄宗的故事。

相传，景云钟的钟声婉转清亮，大钟鸣响时可以响彻整个长安城。凡是听见钟声的人都会觉得神清气爽，所以连皇上都把它视为国宝。认为它是上天所赐能保天下太平的吉祥钟。

先天元年（712），李旦禅位于李隆基。李隆基登基二十多年以来，励精图治，从各方面采取措施，巩固发展了唐朝政权，歌舞升平，国泰民安。可是，唐玄宗渐渐地生出了志得意满之心，贪图享乐起来。他总是觉得后宫的美女还不够多，一日，他召来宰相张九龄，吩咐他到全国各地招募数百名美女入宫。宰相张九龄是一位十分正直的人，他看到皇上疏于朝政，沉迷声色，十分担忧。张九龄回到家中后，从家里的仆从处得知景云钟怎么也敲不响，于是计上心来。

张九龄返身回到皇宫，将景云钟怎么也敲不响一事报给了唐玄宗，并询问皇帝是否有什么事情做得让上天不满，才导致此事发生。说到这里，唐玄宗明白张九龄是借着此事在说选美的不是。然而为了避免朝臣反对、民意四起，唐玄宗接纳了张九龄的意见，将选美一事暂且放下。谁知，此时只听见“咣”的一声，景云钟响了起来。唐玄宗惊恐不已，终于意识到景云钟确实是用它的不鸣，来向自己进谏。[8] 虽然故事仅是传说，但是唐玄宗后期由于逐渐怠慢朝政等原因，导致了长达八年的安史之乱，为唐朝由兴到衰埋下伏笔却是不争的事实。

关于景云钟后来的境遇，清道光二十八年《重修迎祥观钟楼碑记》中则有着这样的记载："迎祥观铜钟，重三百余钧。唐景云辛亥年铸，上有序铭，睿宗皇帝所制也……明洪武间，移置于楼。楼三层，高十丈许。钟悬于上层中央。清顺治八年重修，有碑记，而字迹剥落，略可识认者，才十之一二。其时尚以司晨暮，声彻城内外甚远。今常以屈戍守楼之门，盖不扣不鸣者久矣，比诸仙灵之像而供奉焉……"[9]从中可知该钟到清顺治时期，早晚仍然敲响以用作报时之用，但到了道光年间，则作为神灵供奉了起来。

景云钟在历经无数朝代更迭后，如今被妥善地保存在西安碑林博物馆内。2002年1月18日，国家文物局印发《首批禁止出国（境）展览文物目录》，规定64件（组）珍贵文物为首批禁止出国（境）展览的文物，景云钟赫然在列。

景云钟

景云钟，铸于唐景云二年（711）。青铜材质。通高247厘米，口径165厘米，重6000公斤，现藏于西安碑林博物馆。钟身由祥云、蔓草图案的突出线条自上而下分为三层，每层用蔓草纹带分为六格，格内分别铸有铭文、飞天、腾龙、翔鹤、走狮、朱雀等图案，四角各有4朵祥云，显得生动别致。铭文共18行，292字，为唐睿宗李旦御制御书，内容是描述道教的神秘玄妙、景云观来历以及对钟的赞语。

风铃史话

据说，风铃起源于中国古代的占风铎，主要用于占卜，古人也会用它来判断风向。风铃在中国古代有好几个称呼，如“风铎”“宝铎”“檐铃”“檐马”“铁马”等，常悬挂于大殿、佛塔等建筑物檐角下方，因无须敲击，有风自鸣，故名“风铃”。

中国的风铃至迟于北魏时期就出现了，当时风铃用于装点佛塔。在北魏杨衒之所撰《洛阳伽蓝记》中就有这样的记载：“永宁寺，熙平元年（516）灵太后胡氏所立也。……刹上有金宝瓶，容二十五斛。宝瓶下有承露金盘三十重，周匝皆垂金铎。复有铁锁（索）四道，引刹向浮图（浮屠）四角，锁上亦有金铎。铎大小如一石瓮子。浮图有九级，角角

1 （北魏）杨衒之：《洛阳伽蓝记》卷1，中华书局，2012年，第17—21页。
2 （唐）王仁裕：《开元天宝遗事》，中华书局，2006年，第43页。

皆悬金铎，合上下有一百二十铎。……至于高风永夜，宝铎和鸣，铿锵之声，闻及十余里。”[1]

古人不仅在塔上悬铃，而且寺庙殿阁檐角也都悬挂风铃，一直沿用至今。最初人们将铃铛挂在梁上，风吹来时发出声音，能吓走梁间的鸟雀，防止房梁、屋角、檐壁上面精美的图案和壁画被鸟儿破坏。当佛教文化与中原文化结合以后，风铃被融入了佛家的思想，从而出现了如梵钟、梵铃、梵音、灵塔等概念。佛家用铃声或钟声来比作佛音，使之产生了更深的含义。古印度地区很早就有在浮屠（佛塔）之上悬挂风铃的习俗，而中国风铃的形制也异于中国早期的铃。因而也有人认为中国的风铃和金刚铃一样，是源自印度而随佛教一起传入中原的。

说到风铃的起源，在民间还有另外一种说法，风铃的流行是以好学爱才著称的唐玄宗的弟弟岐王李隆范开启的。《开元天宝遗事》记载：岐王宫中竹林，悬碎玉片子，每夜闻碎玉片子相触声，即知有风，号为“占风铎”。[2]唐人将碎玉石悬在一起，当风吹玉振，便会发出清脆的叮当声。随着叮当的声响，一组组好听的旋律被岐王所得，岐王精通音律，随之创作了多首描绘风铃的诗词歌赋，并慢慢流行开来。岐王的大哥宁王也不甘落后，在自己的花园里系满了金属质地的铃铛：“至春时，于后园中纫红丝为绳，密缀金铃，系于花梢之上，每有鸟鹊翔集，则令园吏掣索以惊之，盖惜花

3（唐）王仁裕：《开元天宝遗事》，中华书局，2006年，第19页。
4 叶坚华：《悠悠铃铛藏文化》，《检察风云》2013年第17期，第91页。
5 六月：《风无痕 铃留音》，《中华手工》2009年第2期，第52页。
6（元）脱脱等编纂：《宋史》，上海古籍出版社，1986年，第5514页。

之故也。”[3] 由此，风铃随着唐人的闲情雅趣流传开来。[4]

后来，风铃被留学大唐的日本僧人带回到日本，流传后世。传说，明治末期，东京的京桥附近有个长长的陡坡，那里时有鬼怪出没，天黑后无人敢走。有一天，一个卖风铃的小贩回家迟了，经过这个荒山坡时，看到一个窈窕女子站在路边，长袖掩面，哭哭啼啼。于是小贩问：“姑娘，为何哭泣？”询问再三，不见女子回答，小贩禁不住上前拽女子的衣袖。女子缓缓转过身来，原来却是一张无嘴无鼻无眼光滑如蛋壳的脸。小贩吓得大叫一声拔腿就跑，身后背的风铃大响。那女子本要追赶，一听到铃声便倏地消失了。[5]

传说固然是玄虚的，但是反映了古人朴素的思想意识：铃铛可降福驱邪，铃声范围之内，邪魔鬼怪是不能近身的，这和古人贴在大门上的“门神”有类似的作用。《宋史·礼志》记载：“明堂庭树松梓桧，门不设戟，殿角皆垂铃。”[6] 明堂，在中国历朝历代都是一个重要的政教地点，它的门口不设警卫兵戎，但却在屋檐四角设铃，少了肃杀苛刻的气氛，增加了肃穆平和之意。在中国，古人将铃铛用于民居建筑中，在室内门廊悬铃，是想利用风吹铃铛带来的“好韵”，以招来“好运”。在日本，风铃在日本民俗文化中占有独特的地位，铃铛之声清脆澄澈，能达到警示、静心、养性、祈福之境，因此风铃被当作日本人的“消夏三宝”之一。

佛钟式风铃

佛钟式风铃，唐朝。体高14.7厘米，口径9.7厘米，重0.7公斤，现藏于大钟寺古钟博物馆。扁平纽，微残，悬纽与铃体结合处孔洞稍显大，纽下有两道细弦纹，铃肩部有两个孔洞，铃体由三道凸弦纹分隔，底口为六耳波状口。铃体造型古朴敦厚，与佛钟形制相似，为大型建筑檐角所用装饰风铃。

阁院飞狐

在中国历史上，辽代曾统治我国北方地区，与北宋形成对峙局面。相应的，在我国钟铃文化的历史变迁中，辽代铸钟也表现出与赵宋王朝统治的南方地区并行演进的特点。其中，有代表性的当属河北涞源的阁院寺保存的一口辽代大铁钟——阁院寺钟。

阁院寺钟，体量硕大，整体呈“盔”状，优质的铸铁，使度过漫长岁月、包括几十个梵文在内的一千二百多个文字仍然清晰可见。该铁钟铸造于辽天庆四年（1114），落款为“维大辽蔚州飞狐县阁子院首座、前监寺沙门晓本……”[1]

钟上部铸有“报国恩奉为天祚皇帝万岁，亲王、公主千秋，文武官班恒居禄位，雨顺风调，民安国泰”等颂语吉

1 梁松涛、王路璐：《河北涞源阁院寺辽代“飞狐大钟”铭文考》，《北方文物》2015年第1期，第86—90页。
2 梁松涛、王路璐：《河北涞源阁院寺辽代“飞狐大钟”铭文考》，《北方文物》2015年第1期，第86—90页。
3 （元）脱脱等撰：《辽史》卷1，中华书局，1974年，第13页。

祥铭文。公元1114年，金太祖统一女真诸部，起兵反辽。该钟的铸造也许与女真发动反辽斗争，大辽战况不利有关，从而为天祚皇帝、诸王、公主、文武官员以及辽代统治祈福之用。

铁钟上铸造的铭文还包括“佛日增辉”“法轮常转”祝颂吉语，“南无护国仁王佛”“南无无量寿佛”等佛名号，“智矩如来心破大地狱陀罗尼真言”“报一切父母恩重真言”等汉、梵文字的佛经、咒语，以及寺院僧徒、达官贵族、当地施主、工匠等姓名。钟体下部六个突显的钟耳，据说象征了佛教所说的“六根”，也就是眼、耳、鼻、舌、身、意，此种说法或与钟体上均匀分布的六个长条格内铸有的“南无眼陀罗尼自在王佛”“南无耳陀罗尼自在王佛”“南无鼻陀罗尼自在王佛”“南无舌陀罗尼自在王佛”“南无身陀罗尼自在王佛”“南无意陀罗尼自在王佛”有关。

除钟体上所反映出的佛教信仰外，铭文中记载的“太上府君、太上太岁、太上九曜星。二十八宿、十二宫神，年直神、月直神、日直神、时直神，当处土地一切神明”，应为道教神祇。[2]

辽代是以契丹贵族为统治主体建立的政权。辽境之中，除了契丹人传统信仰——萨满教外，普遍流行的是儒家思想、道教和佛教。《辽史》记载辽太祖耶律阿保机在神册三年五月就曾“诏建孔子庙、佛寺、道观”。[3]张俭在《圣宗皇帝

4 陈述辑校：《全辽文》卷6，中华书局，1982年，第141页。
5 孙勐：《辽代道教文化与信仰的考古学考察》，《中国道教》2010年第5期，第34—37页。
6 曾磊：《飞狐道与汉代军事交通》，《石家庄学院学报》2017年第2期，第37—41页。
7（元）脱脱等撰：《辽史》卷41，中华书局，1974年，第512页。

京册》中也有三教兴行的记载。[4] 表明了辽代奉行的是儒、释、道“三教并行”的政策。同时，兼容并蓄的政策也在一定程度上促进了相关信仰的传播和文化发展。[5] 阁院寺钟铭文中佛、道内容共同存在，也从侧面印证了这一点。

阁院寺钟在当地还有另外一个名字，叫作“飞狐大钟”。对于飞狐这个灵异诡秘的名字，人们对它并不陌生。苏轼在他的《苏浪石》一诗中写道：“太行西来万马屯，势与岱岳争雄尊。飞狐上党天下脊，半掩落日先黄昏。”而金庸先生的武侠名著《雪山飞狐》《飞狐外传》几乎更是让“飞狐”的名号家喻户晓。

那么，这里说的“飞狐”和“飞狐大钟”又有什么关系呢？

巍巍太行山由于地壳板块运动等作用，横向形成了很多大大小小被称为“陉”的峡谷。著名的有军都陉、蒲阴陉、飞狐陉、井陉、滏口陉、白陉、太行陉、轵关陉等，古称“太行八陉”。[6] 而涞源就处在千里“太行八陉”之一的“飞狐陉”。相比于今天凭借高新技术在太行山脉上开辟出的快捷通道，在工程技术水平较低的古代，“太行八陉”就成为当时人们穿越太行山脉的主要途径。

飞狐陉，也叫飞狐口。“飞狐”古道名称的由来，据说是因其道路奇险，仅飞狐可渡。《辽史》中记载：“飞狐县……相传有狐于紫荆岭食五粒松子，成飞仙，故云。”[7] 县以地名，古人便将涞源称为“飞狐城”。由于其军事战略

8 （清）刘荣等纂修：《广昌县志》，成文出版社有限公司（影印本），1969年（中华民国五十八年），第132页

位置极其重要，成为千百年来兵家必争之地。陆游就曾写下了“何当凯旋宴将士，三更雪压飞狐城”的诗句。而阁院寺大铁钟被称之为“飞狐大钟”也由此而来。

涞源旧称广昌，清代光绪元年《广昌县志》中讲到“阁院钟声”即为广昌十二景之一，其中有一首《咏阁院钟声》这样写道：“阁院疏钟起，山城听最真。数声清有韵，万籁净无尘。梵宇月斜坠，昙花彩散新。年年敲不断，谁是梦醒人？”[8] 而阁院寺钟也为辽代晚期宗教信仰等的研究保存了第一手资料，真实地反映了辽晚期的社会情况。

阁院寺钟

阁院寺钟，铸于辽代天庆四年（1114）。铁质。高160厘米，口径150厘米，重约2000公斤。现收藏于河北涞源阁院寺内。该钟钟纽为二龙交蟠纽，六耳波状口。钟体中部的凸带将钟体分为上下两部分，每部分又由竖排弦纹分成若干个矩形方框，每个框内均铸有铭文，有汉、梵两种文字，字体为阳文楷体，共计1200余字。是迄今为止发现的唯一有明确纪年的辽代铁钟。

漏尽钟鸣
节度时间

更钟在古代主要用于城中报时，《尚书·尧典》谓帝尧“乃命羲和，钦若昊天，历象日月星辰，敬授人时”，反映出颁授属民以节令时日，是中国古代社会生活中十分重要的事情。蔡邕《独断》记叙汉代钟鼓报时制度云：

> 鼓以动众，钟以止众。夜漏尽，鼓鸣，则起；昼漏尽，钟鸣，则息也。[1]

始建于元代的北京钟鼓楼，至今已有七百多年的历史，钟楼在元代时是万宁寺的中心阁，明代未动，清乾隆十二年（1747）重建后，才呈现出今天的面貌。在元、明、清三代，钟鼓楼最主要的职责就是用击鼓撞钟的方式向人们报时，以“暮鼓晨钟”的方式参与普通百姓每一天的劳作与休息。

1 蔡邕:《蔡中郎外集》卷4《独断》，清咸丰二年杨氏海源阁仿宋刊本，第29页。

2 机构名，位于紫禁城东南角楼处，为清代宫廷服务的机构，掌管帝、后驾车仪仗。顺治元年(1644)设，初沿明制称“锦衣卫”，二年改称“銮仪卫”。宣统元年(1909)因避皇帝溥仪名讳，改“銮仪卫”为“銮舆卫”。

相传，清代乾隆以前，北京的钟鼓楼是昼夜全城报时的地方，其特征是：每天日中正午时鸣钟，夜间则报更五次，一直到寅时天亮。清乾隆以后，则逐渐将昼夜击鼓撞钟报时的规定改变成为只在夜间报两次更了。按规定是先击鼓后撞钟。击鼓时，讲究有节奏：“紧十八，慢十八，不紧不慢又十八。”但每次击鼓到最后，总要停歇一下，以让钟楼的更夫做好准备，紧接着钟声便由钟楼向全城散开出去，撞钟的次数也与击鼓相同，亦是“紧十八，慢十八，不紧不慢又十八”。钟声鼓声合起来，正是一百零八下。

民国时期，仿照英国对皇室实行优待政策，逊帝溥仪依然被允许住在紫禁城中，维持其小朝廷的格局，钟鼓楼的司时功能也延续了下来。直到1924年，溥仪被冯玉祥赶出紫禁城，负责旗鼓手的机关“銮舆卫”[2]才随之被取消。

大钟寺古钟博物馆收藏的明代更钟，就是原本悬挂于北京钟楼的报时钟，据说是因为声音不够洪亮，被重新铸造的更钟置换下来，这一放就是数百年。早些年京城内的老百姓都曾目睹这口破败的铁钟一直躺在钟楼之外的平地上，直到1983年才迁至大钟寺的院落内妥善收藏起来。这口铁钟为什么会在钟楼下弃置将近六百年之久呢？关于这口铁钟的文献等资料的记载几乎是空白的，只能查到“钟楼先铸一口铁钟，后弃置……”这样的只言片语，唯有一则传说故事，与这口更钟有关。

北京钟楼

3 转引自张鸿声、井延风：《永远的中轴线与消失的城垣——现代文人笔下的北京》（下），《扬子江评论》2010年第6期，第66—78页。

好大喜功的明成祖朱棣在登上皇位之后，当即着手调遣能工巧匠营建北京城，并下令铸造出体量巨大、声音洪亮的大钟悬挂于钟楼之上，为京城百姓鸣钟报时。铸钟师接到命令之后立即带领工匠们在铸钟厂里日夜劳作，筛研泥土，制作模范，雕刻花纹，铸造铁钟，经历了无数昼夜的艰辛，制作出了一口体量硕大的铁钟。铁钟铸好后，工匠们并不敢懈怠，而是将目光移向了铸钟师，等着他敲铁钟来评判钟声的好坏。“当……当……当……”敲罢这三声，在场的工匠们都傻眼了，这口钟的声音不够浑厚悠远，将这样的钟呈交面圣，实在是难以交差啊。就在大家都不知所措的时候，铸钟师凭着多年铸钟的经验，鼓励大家不要气馁，说如果把铁钟材质换成铜钟来做，声音一定会比这铁钟强上好多倍。于是，在铸钟师的带领下，大家重新熔化铜液，反复浇铸和尝试，可铜钟始终不能成功铸就。眼看着向永乐皇帝呈献大钟的期限已到，铸钟师和所有工匠们再一次陷入了心急如焚、彻夜难眠的焦灼之中。铸钟师的女儿看着父亲日渐憔悴的面容，暗自思量着如何帮助父亲。因为她深深知道，如果工匠们不能按期铸出大钟，父亲要担当杀头之罪。就在工匠们做最后一次努力的时候，她纵身一跃，跳进了熔化铜液的熔炉中，瞬间化为一缕青烟，升向空中，随后大钟便浇铸成功！这口千锤百炼的大钟说的就是如今悬挂于北京钟楼上的那口大铜钟。后来，铸钟工匠们为了纪念这位舍身救父的年轻姑娘，尊她为“金炉圣母铸钟娘娘”，并在铸钟厂的旁边为其筑建庙宇，永久供奉祭拜。如今，铸钟娘娘庙早已不复存在，而是成为城内百姓杂居的住所，只有一块有“金炉圣母铸钟娘娘庙”的石匾作为文物存放在大钟寺古钟博物馆内。而铸钟娘娘的故事则深入人心，在 20 世纪还被以连环画的形式描绘在小人书上，广为流传。

传说固然玄虚，可是从这则传说故事中可以看出，声音洪大远闻是钟声必备的条件。童年时听过钟鼓声的朱家溍先生回忆说，鼓的声音“沉重宽厚，有很大气势，好像夏天酝酿下雨的时候，远方隐隐有隆隆的雷音”，钟的声音只能用“洪”来形容，因为“声洪就是说这声音不仅仅是大，而且是说这大的声音发出震动的音波、嗡嗡的起伏、飘飘然送到远方”。[3]

永乐铁更钟

永乐铁更钟，明永乐时期铸造。铁质。体高345厘米，纽高92厘米，底口径248厘米。钟体正面铸有「大明永乐年月吉日制」字样，钟纽呈弓形，有简化的夔龙纹，钟肩饰有莲花瓣纹二十四朵。此钟于1982年由北京钟楼移置大钟寺古钟博物馆，现今保存完好。

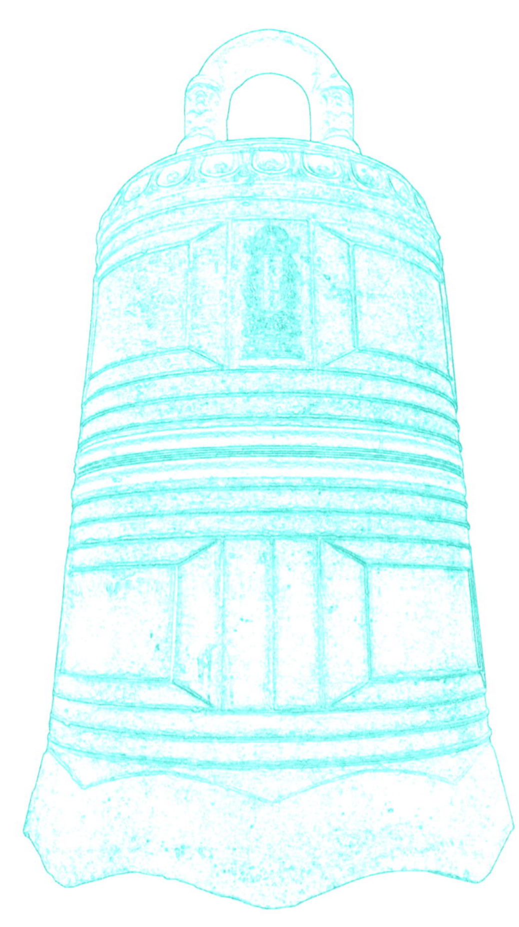

蒲牢

蒲牢，是中国古代传说中的神兽。人们通常会见到其被装饰在古代梵钟的纽部。有时是一条，有时是两条。而蒲牢通常都被设计为长相类似“龙”的形象。然而，蒲牢的形象究竟来源于何处、起源于何时呢？

先秦时，就有在甬钟的“旋”上装饰“蟲”的现象。《周礼·注》中曰：“（甬）钟旋谓之旋，旋蟲谓之斡。（注）旋属中柄所以悬之也。郑司农云：旋蟲者旋以蟲为饰也。玄谓今时，旋有蹲熊、盘龙、辟邪。”[1]錞于、镈钟、钮钟等先秦乐钟曾涌现出龙形钟纽，或者纽上装饰有虬龙、蟠螭纹饰，如“𬭚镈”[2]“龙纽錞于”[3]“楚王领钟”[4]等。魏晋南北朝时我国出现横截面为正圆形的梵钟。目前所发现的最早

1 中华书局编辑部编:《汉魏古注十三经》(上),《周礼》,中华书局,1998年,第265页。

2 𬭚镈,春秋时期。清同治九年(1870)出土于山西省荣河县后土祠。钟通高67厘米,舞纵30.5厘米,舞横37.5厘米。纽为食兽蟠曲的飞龙构成,舞、篆、鼓等均饰变形龙纹。钲部有铭文174字,记述齐为子仲姜所作之器,记载鲍叔有功于齐国,齐侯赐予鲍(纶)封邑与人民。现藏于国家博物馆。

3 龙纽錞于,战国晚期。1978年出土于陕西咸阳塔儿坡。盖顶正中立一龙形纽,龙顾首回盼,身有两翼。肩饰垂叶纹,腹饰几何形云纹,下缘饰焦叶纹。现藏于咸阳市博物馆。

4 楚王领钟,春秋中晚期,扁条式长方纽。纽、篆饰阴线三角夔纹;鼓饰对称顾夔纹。

弥勒庵铜钟钟纽蒲牢

5 （梁）萧统编，（唐）李善注：《文选》第1册，上海古籍出版社，1986年，第33页。

的梵钟“陈太建七年铜钟”，钟纽就装饰有双头形似“龙”的神兽形象。

唐代李善注《文选》时，在《东都赋》中引用了三国薛综作《西京赋注》的内容：“海中有大鱼曰鲸，海边又有兽名蒲牢。蒲牢素畏鲸，鲸鱼击蒲牢，辄大鸣。凡钟令声大者，故作蒲牢于上，所以，撞之者为鲸鱼。”[5]鲸是古代传说海洋中最大的鱼。《玉篇》中解释道，鲸是“鱼之王”。《古今注》中记载它“大者长千里，小者数十丈。其雌曰鲵，大者亦长千里，眼如明月珠”。传说中蒲牢善于“大鸣”，尤其是在鲸追逐它的时候。所以，人们将蒲牢装饰在钟纽部位，将撞钟的木槌雕刻成“鲸”的样子，以祈求大钟的钟声更加洪亮悠远。

也因此，许多古代文人会以“蒲牢”代指“钟”。唐代诗人皮日休的《寺钟暝》诗中就有“重击蒲牢含山日，冥冥烟树睹栖禽”的诗句。到了明代，关于蒲牢的传说逐渐开始转化，蒲牢成为龙生九子之一。明代李东阳《怀麓堂集》中记述：有人请教他关于龙之子的问题。他就根据一些民间传说和见闻进行了总结，得出龙生九子之说，并将这个说法记录在自己的文集里。“龙生九子，不成龙，各有所好；囚牛龙种，平生好音乐，今胡琴头上刻兽是其遗像；睚眦平生好杀，今刀柄上龙吞口是其遗像；嘲风平生好险，今殿角走兽是其遗像；蒲牢平生好鸣，今钟上兽钮是其遗像；狻猊平

成化鎏金龙纹钟钟纽蒲牢

6 （明）李东阳撰，周寅宾点校：《李东阳集》第3卷，岳麓书社，1984年。
7 大钟寺古钟博物馆编：《中国古钟传说故事》，文津出版社，2003年。

生好坐，今佛座狮子是其遗像；霸下生平好负重，今碑座兽是其遗像；狴犴平生好讼，今狱门上狮子头是其遗像；赑屃平生好文，今碑两旁龙是其遗像；蚩吻平生好吞，今殿脊兽头是其遗像。”[6]随后，大量的文人都开始承认龙生九子之说，并在自己的文集里多次将蒲牢列入其中。

但是，在这些记载中，关于蒲牢究竟是龙九子中的第几子，说法又不尽相同。有文献中称蒲牢为龙的第一子，说法至今没有定论。

另外还有两则民间传说。一则说是，蒲牢身为龙子，却善吼扰民，因此吕洞宾借为龙王祝寿之机，设计策将它定在钟上，以为百姓祈福。另一则传说是龙生九子，遵照上天旨意九子需要下界造福百姓。可是龙的九子都很顽皮，不能找到各自的职位，于是造福反而变成了扰民。明代名臣刘伯温见状，就一条一条捉住，并根据它们的不同喜好为它们分配了任务。而蒲牢则因为喜欢鸣叫的特点被安排在钟上。[7]

无论哪种传说，蒲牢的故事和形象早已深入人心。自明清时期，它的形象在梵钟上的应用已经达到了普遍化，而蒲牢的设计铸造工艺也在这一时期达到了登峰造极的境界。大钟寺古钟博物馆藏明代天顺年间的法华寺铜钟，钟纽的双蒲牢呈回首顾盼状，双龙头回首怒视龙脊上的火龙珠，构思巧妙独特，工艺圆润细腻。无论是姿态还是细节都可称得上是明代诸多梵钟中的精品。

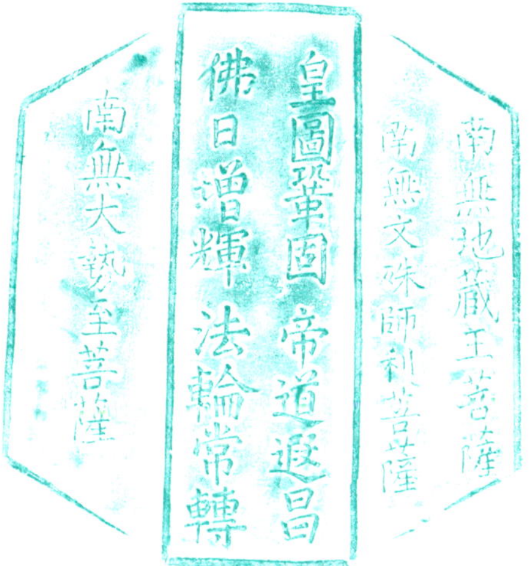

法华寺钟钟体铭文

法华寺钟

法华寺钟，铸于明天顺五年（1461）。青铜材质。通高196.5厘米，口径119厘米，重量934公斤，藏于大钟寺古钟博物馆，通体呈青绿色，保存完好。钟纽为双龙头蒲牢雕塑造型，两龙头呈回首顾盼状，目视龙脊正中的火龙珠，构思巧妙独特，工艺圆润细腻，龙体线条流畅，纹饰清晰，栩栩如生。钟腹方格内几乎遍布铭文，铸写《摩诃般若波罗蜜多心经》、佛菩萨名号、祝颂祈愿语、铸钟年款、铸造人姓名及捐资人姓名。

皇圖鞏固 帝道遐昌
佛日增輝 法輪常轉
南無地藏王菩薩
南無文殊師利菩薩

明盡乃至無老死亦無老死盡無苦集滅
道無智亦無得以無所得故菩提薩埵依
般若波羅蜜多故心無罣礙無罣礙故無
有恐怖遠離顛倒夢想究竟涅槃三世諸
佛依般若波羅蜜多故得阿耨多羅三藐
三菩提故知般若波羅蜜多是大神呪是
大明呪是無上呪是無等等呪能除一切
苦真實不虛故說般若波羅蜜多呪即說
呪曰揭諦揭諦波羅揭諦波羅僧揭諦菩
提薩婆訶

法华寺钟《摩诃般若波罗蜜多心经》

唵嘛呢叭咪吽

摩訶般若波羅蜜多心經

觀自在菩薩行深般若波羅蜜多時照見
五蘊皆空度一切苦厄舍利子色不異空
空不異色色即是空空即是色受想行識
亦復如是舍利子是諸法空相不生不滅
不垢不淨不增不減是故空中無色無受
空不異色色即是空即是色受想行識
亦復如是舍利子是諸法空相不生不滅
不垢不淨不增不減是故空中無色無受
想行識無眼耳鼻舌身意無色聲香味觸

弘治道钟的天象玄机

弘治道钟，铸于明弘治壬子年（1492）。在《北京市志稿·金石卷》中这样记载：“明弘善寺铜钟铸文，存。弘治五年五月制，上层二十八宿字，中层经文，下层篆书。”[1]这口钟为青铜质地，蒲牢形钟纽居上，钟体呈喇叭状，荷叶形钟口，钟身饰以上下四层铭文和纹饰。其中，钟顶部位环绕浇注口竖排一圈“荡魔天尊百字圣诰”，肩部饰以二十八瓣莲瓣纹，每瓣莲瓣内铸有道教天文学上的二十八星宿名称。[2]钟身主体铭文包含三部道教经文和八卦纹，分别是《元始天尊说北方真武妙经》《太上老君说常清静经》和《太上三光注龄资福延寿妙经》。钟裙部饰以道教符咒。从内容和铸造技术上看，这口钟与其他钟存在明显不同之处。

1 吴廷燮等纂，于杰等点校：《北京市志稿·金石卷》，北京燕山出版社，1998年6月第1版，第185页。
2 道教二十八星宿名称：斗、牛、女、虚、危、室、壁、奎、娄、胃、昴、毕、觜、参、井、鬼、柳、星、张、翼、轸、角、亢、氐、房、心、尾、箕。

在内容方面，钟肩部位的二十八星宿体现了天文学理论与道教文化之间的紧密联系。中国古代天文学家为了方便观测日、月和五大行星的运转，将黄、赤道附近的二十八个星座赋予特定标志，称为二十八星宿。《山海经》中有如下记载："南方祝融，兽身人面，乘两龙。西方蓐收，左耳有蛇，乘两龙。东方有句芒，身鸟人面，乘两龙。北方禺强，人面鸟身，珥两青蛇，践两青蛇。"道教玄学对此进一步演绎，并由此衍生出与"四灵"或"四象"的神秘观念，即"东苍龙、西白虎、南朱雀、北玄武"。其中，角、亢、氐、房、心、尾、箕七个星宿组成一个龙的形象，春分时节出现在东部的天空，故称东方青龙七宿。奎、娄、胃、昴、毕、觜、参七个星宿组成一个虎的形象，春分时节出现在西部的天空，称为西方白虎七宿。井、鬼、柳、星、张、翼、轸七个星宿组成一个鸟的形象，春分时节出现在南部的天空，故称南方朱雀七宿。斗、牛、女、虚、危、室、壁七个星宿组成龟蛇互缠的形象，春分时节出现在北部的天空，称为北方玄武七宿。

本来，作为道教经文出现在钟体身上并没有什么值得特别关注的地方，然而，不同于大部分钟竖向排列的铭文，这口钟体上的铭文是横向排列的。竖向排列的钟体经文只需要围绕钟体旋转一圈即可读完一遍，而这种竖向排列方式也是迄今发现的梵钟所普遍采用的排列方法。与之不同的是，弘治道钟上三部经文以款铭牌位正上方为起点，一圈一圈转

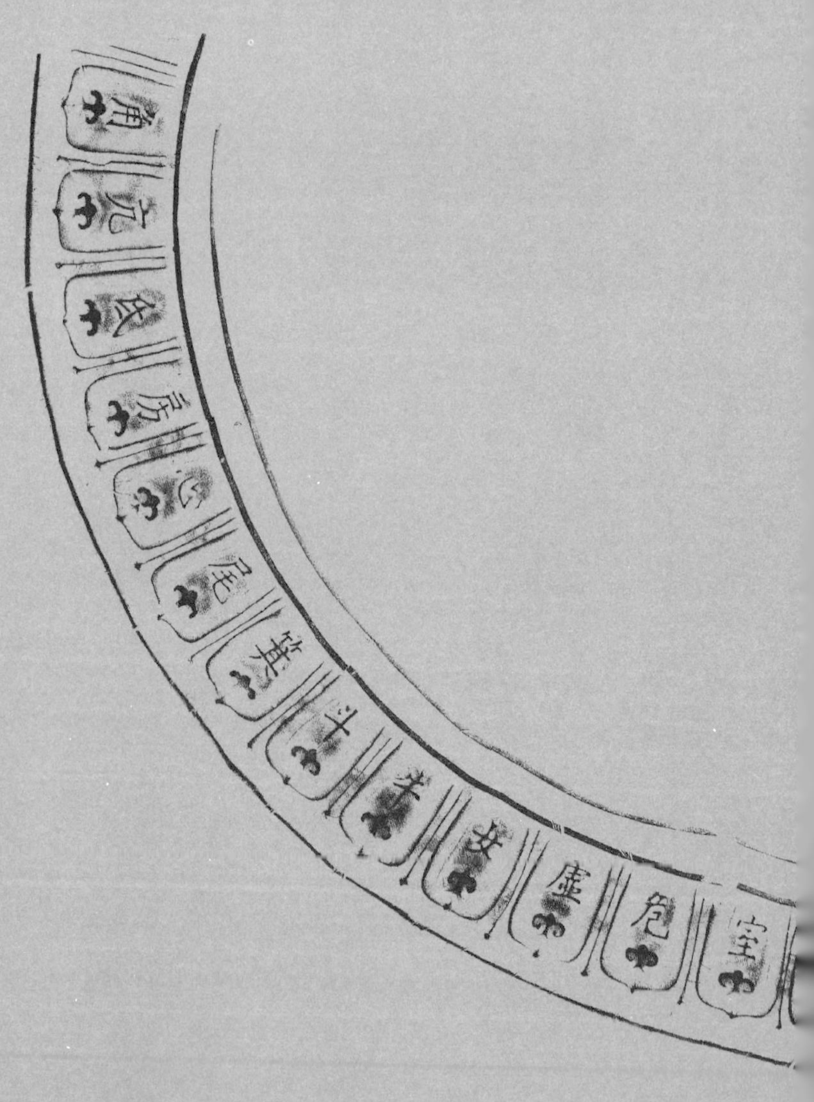

弘治道钟肩部莲瓣纹

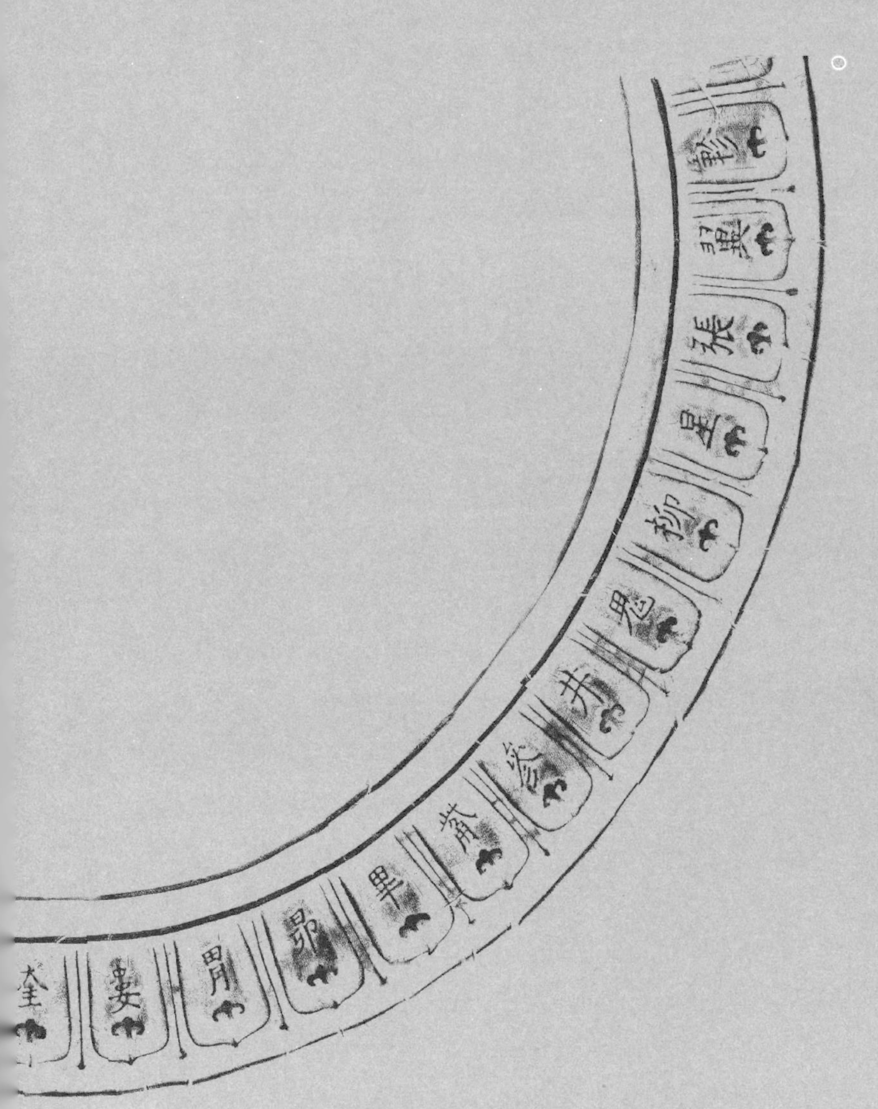

軫
翼
張
星
柳
鬼
井
參
觜
畢
昴
胃
婁
奎

着依次分布于钟身之上。钟体经文从上到下共排三十二行，每行都是从右向左顺时针旋读。也就是说，要完整地读完钟体上的经文，需要绕着钟顺时针旋转三十二圈。钟体经文从一个“元”字开始。《说文解字》曰：“元，始也，从一从兀。”[3] 道教进一步确立了“元”对于宇宙开化的神圣性，并且把它赋予到最高尊神的名号里，即“元始天尊”。所谓“元始天尊”，是指他生于太元之先，禀自然之气，为宇宙万物的创造者。

弘治道钟的钟裙分为八个莲瓣区域，每个区域内也正好对应有三十二个云篆咒符，被称为“自然玉字”，共二百五十六字。三十二这个数字在道教中也具有特别的意义。早期道教有三十二天帝，乃道教天神，每一个天帝的秘讳都对应着八个云篆符号，合起来正好二百五十六个。作为与“五老赤书真文”齐名的“太上洞玄灵宝诸天内音自然玉字”载于《道藏》首册。该经仍假托天真皇人讲述，称东、南、西、北四方各有八天，共三十二天；各天之上有“天书玉字”八个，共有二百五十六字。[4] 经研究发现，弘治道钟上的二百五十六云篆咒符正好与之对应。这二百五十六个“自然玉字”图像实为“云篆天书”所构，据说此乃天上灵文，皆凝飞旋之气自然而形成，刻书玉简，故称“自然玉字”。[5] 这里的三十二行排版极有可能是铸钟者有意而为之。显而易见，这种排列方式的玄妙之处更能让信徒增强对经文的理解，

3 （汉）许慎：《说文解字》，中华书局，1992 年，第 7 页。

4 李俊涛：《道教“诸天内音自然玉字”的图像意象和思想研究》，《宗教学研究》2011 年第 3 期，第 34 页

5 李俊涛：《道教“诸天内音自然玉字”的图像意象和思想研究》，《宗教学研究》2011 年第 3 期，第 34 页

同时也提升了晦涩经文和肃穆铜钟之间合二为一的神秘和威严感。

弘治道钟这种横向转圈排列的方式与藏传佛教的转经轮有异曲同工之妙，每转一圈都饱含着信徒的虔诚与崇敬之情。话说回来，既然当时已经有人开始尝试横向排列的方式了，为什么绝大多数梵钟仍然选择了竖向排列方式呢？实际上，这里还涉及另一个更加令人赞叹的技术难题。就排列难度来说，这口钟上的经文横排需要保证每一行之间保持平行，在偌大的钟体表面范围内把近三千个汉字按照一定规则在弧度不一的钟体表面均匀排列齐整，不发生错行实非易事。更为重要的是，古人铸钟时大都将合范留下的范缝痕迹进行巧妙利用，从而把钟体划分为各自相对独立的区域，而弘治道钟却将钟身作为一个整体来排列经文。令人称奇的是，大钟铭文字口清晰，衔接紧密，浑然天成，很难看出范缝痕迹。可以想见，当时的铸造技师对范口的处理是多么细致和谨慎。

弘治道钟

弘治道钟，铸于明弘治壬子年（1492）。青铜材质。通高124.5厘米，口径89.5厘米，重514公斤。现藏于大钟寺古钟博物馆。钟纽被塑造为交龙蒲牢的造型。钟肩部位装饰有一圈莲瓣花纹，共二十八朵。钟体无分区，铸满文字，环绕钟体横向呈圆周状排列，内容为《元始天尊说北方真武妙经》《太上老君说常清静经》和《太上三光注龄资福延寿妙经》三部道经。钟上部牌位内铸有「大明弘治壬子仲夏吉日制」款，钟裙部分为八个莲瓣区域内，饰以道教云篆符咒二百五十六字。

嘉靖时重铸保明寺钟

明朝，以儒家思想为立国常经，兼用佛教、道教“阴翊王度”。[1]明太祖朱元璋鉴于元代对宗教特别是佛教的法治管理的宽缓造成的后果，建立了与专制主义中央集权相适应的僧官制度。明人沈德符在《万历野获编》中记载：“我太祖崇奉释教……历朝因之不替……世宗留心斋醮，置竺乾氏不谈，初年用工部侍郎赵璜言，刮正德所铸佛镀金一千三百两。晚年用真人陶仲文等议，至焚佛骨万二千斤。”[2]表明了成祖以后的明朝诸帝，都继承了明朝太祖皇帝崇奉佛教的政策，只有明世宗嘉靖皇帝崇奉道教，而排斥佛教。明嘉靖保明寺铜钟就是这一时期的重要物证。

保明寺，始建于明朝天顺年间，初称“顺天保明寺”。[3]《日下旧闻考》中记载：“宛平县西黄村有敕赐保明寺，寺中尼吕氏，陕人。正统间，驾出关，尼送驾苦谏，不听。及上还

1 赵轶峰：《明朝宗教政策合论》，《古代文明》2007年第2期，第68—85，113页。
2（明）沈德符：《万历野获编》，中华书局，1959年，第679页。
3 于弢：《大钟寺》，北京燕山出版社，2006年，第46—53页。
4（清）于敏中等编撰：《日下旧闻考》卷97，北京古籍出版社，2001年，第1618页。

辕复辟，念之，乃建寺赐额，人称为皇姑寺。”[4]

保明寺钟钟腰处的三道弦纹将钟体分为上下两部分。上部各牌位内分别铸有“昭圣康惠慈寿皇太后”“章圣慈仁皇太后”“永淳长公主”和“庄奉夫人邢氏”，其他区域铸有“太师昌国公张、夫人周氏，建昌侯张、夫人崔氏，锦衣卫指挥张、夫人穆氏”“大明天顺六年夏月吉日铸造洪钟一口，入于黄村寺，大悲观世音殿……”“大明嘉靖十二年三月二十一日奉懿旨重造，敕赐顺天保明寺，住持善聪，管事法连、法缘、法伦”等。钟体下部铸有“司设监太监王政，内官监太监刘洪、崔淮、傅濬、何禄、荆聚、杨茂，御马监太监孟昇，锦衣卫千户黄秀，信官韩景”，应为捐资者名录。由钟上铭文可知，该钟于“大明嘉靖十二年三月二十一日奉懿旨重造”，重要捐资人是“昭圣康惠慈寿皇太后”和“章圣慈仁皇太后”，正是因为这两位皇太后，引出了一段嘉靖时重铸保明寺铜钟的故事。

正德十六年（1521），明武宗朱厚照去世，他既未生子立嗣，又无同父兄弟。于是内阁首辅杨廷和以《皇明祖训》中“兄终弟及”的规定为依据，主张迎立朱厚照叔伯兄弟朱厚熜入继帝位。经过武宗生母慈寿皇太后的准许，朱厚熜入嗣帝位，年号嘉靖。嘉靖六年（1527），礼部尚书方献夫等人认为僧尼有伤风化，应加取缔；霍韬、尚书桂萼上书请旨清理僧道，捣毁寺宇。喜道而反佛的嘉靖皇帝批准了桂萼等

5 （明）沈德符：《万历野获编》，中华书局，1959 年，第 685—686 页。

6 于弢：《保明寺钟考》，《文物春秋》2009 年第 5 期，第 71—74 页。

7 张显清：《明嘉靖"大礼议"的起因、性质和后果》，《史学集刊》1988 年第 4 期，第 7—15 页。

8 （清）谷应泰撰：《明史纪事本末》卷 50，中华书局，1977 年，第 733—764 页。

大臣上奏之事，敕令捣毁寺庙，让尼姑还俗，名声远扬的皇姑寺也同样面临着废毁和遣散的危险。

嘉靖皇帝本想先废毁保明寺，从而作为在全国取缔尼寺的先行。然而，保明寺本为明英宗时期所建并赐名。而这座寺庙的功德主多为皇亲，与明朝宫廷的佛教信仰有着较为密切的关系。于是保明寺的尼姑请出两宫太后，一位是嘉靖皇帝的生母章圣慈仁皇太后蒋氏，一位是嘉靖皇帝的伯母昭圣康惠慈寿皇太后张氏说情，两宫皇太后不忍皇姑寺被毁，多次出面极力劝阻。嘉靖皇帝最终感念两宫太后的慈训，保明寺才得以幸存。明人沈德符在《万历野获编》中载："嘉靖六年丁亥……今因桂萼奏毁尼寺，已行下矣。今若皇姑寺仍留，是不去其根也，乃旨出。之后三四日，不知何人哀奏两宫。皇伯母见谕，以皇姑为孝宗所建，似不可毁。圣母亦以孝宗为言，盖小人进祸福之言，故两宫一时传谕。次日圣母又谕欲建一寺，即将此寺与我亦好，盖寺乃皇帝内宦供给布施。"[5]

嘉靖十二年（1533），慈寿皇太后和慈仁皇太后携永淳长公主等皇亲国戚，重新翻铸保明寺钟，并在钟体铸上"大明天顺六年夏月吉日铸造洪钟一口，入于黄村寺……""大明嘉靖十二年三月二十一日奉懿旨重造"的字样。同时铸有"皇图永固，帝道遐昌，佛日增辉，法轮常转，风调雨顺，国泰民安，五谷丰登，天下太平"，这是两宫太后对国家和人民的祝福吉语。至此，保明寺拥有了两宫皇太后翻铸的保明寺钟，地位更加稳固。[6]

透过保明寺铜钟的再生事件，隐约浮现着明朝著名的“礼仪之争”的历史影像。明世宗朱厚熜并不是以皇太子身份，而是以外藩亲王入继帝位的，并且不属于孝宗—武宗这个宗支，这样便在封建礼仪上产生了一系列重要问题。由此，一场由嘉靖皇帝亲自发动的，以嘉靖皇帝亲生父母的尊号及地位、祭祀待遇等问题为中心，“始而争考、争帝、争皇；既而争庙及路；终而争庙谒及乐舞”的君臣、朝臣之间的激烈争议展开，这便是嘉靖年间的“大礼议”。[7]

内阁首辅杨廷和等引经据典，提出嘉靖皇帝应该尊称孝宗弘治皇帝为“皇考”，称自己的父母兴献王、兴献王妃为“皇叔父”“皇叔母”，自称“侄皇帝”。嘉靖皇帝十分不悦，质问礼部：“父母可移易乎？”遂下令再议。于是朝臣先后抗旨上疏，支持杨廷和的主张。

此时，大臣张璁上疏：“恐子无自绝父母之义。故谓皇上为继统武宗，而得尊崇其亲则可；谓嗣孝宗，以自绝其亲则不可。”不能“强夺此父子之亲，而建彼父子之号”。[8]表明嘉靖皇帝应只继武宗帝位，而不继孝宗宗嗣。嘉靖皇帝见后说道：“此论一出，吾父子获全矣。”于是，大臣们分为两派，一派以杨廷和为首的反对嘉靖皇帝“继统不继嗣”，一派以张璁、桂萼等为首支持嘉靖皇帝的决定。

9（清）谷应泰撰：《明史纪事本末》卷50，中华书局，1977年，第733—764页

10翟爱玲：《"大礼议"事件的政治意义与嘉靖前期的政治局势》，《史学集刊》2013年第4期，第112—121页

随着杨廷和离朝，大学士毛纪、吏部尚书乔宇等先后罢官，议礼之争日趋激烈。嘉靖三年（1524）七月，嘉靖皇帝命令礼部照旨更改尊号，即去除其父"本生皇考恭穆献皇帝"和他的母亲"本生圣母章圣皇太后"中的"本生"二字，从而改称孝宗为"皇伯考"，父亲为"皇考"。此旨一下，朝臣抗争，群臣二百二十余人跪伏左顺门，大呼太祖高皇帝、孝宗皇帝，哭声震天。嘉靖皇帝随即命令锦衣卫将参加者的姓名全部登记在册，先将为首者八名逮捕入狱，接着又将一百三十四名五品以下官员逮捕入狱，其他待罪遣散。左顺门事件几天后，被逮捕的大臣受到了处罚。为首者戍边，四品以上夺俸，五品以下廷杖，受杖者一百八十多人，其中十七人惨死杖下。自此以后，皇威更盛。[9]

"大礼议"中皇帝与朝臣以及朝臣之间的争斗，在很大程度上正是君臣权力意识作用的产物，更是立足于不同利益立场的各种政治势力之间的纷争。[10]而"大礼议"更使得嘉靖皇帝认识到需要在变革旧体制、确立新秩序过程中来建立自己的政治地位。正是在帝王偏好、礼制改革等多重因素的共同作用下，嘉靖皇帝开始实施了"毁佛寺"的宗教政策，以期对前朝弊政施以改革，加强自身的统治。而保明寺铜钟的重新铸造过程，也似乎将这一段历史以特有的方式留存了下来。

保明寺在清康熙年间毁于大火，清康熙五十年（1711）

至五十八年（1719）重修后改称“显应寺”。而被重新赋予新生命的明嘉靖保明寺钟，在历经朝代更替后，已经离开了它的皇姑寺，现在被妥善地收藏于大钟寺古钟博物馆内。保明寺钟，反映了明代统治阶级的信仰，透过它，更可以感受当时两宫皇太后与嘉靖皇帝对于佛教等不同文化的理解与包容。

保明寺钟

保明寺钟，铸于明嘉靖十二年（1533）。青铜质地。通高145.3厘米，口径96.4厘米，重450公斤，现收藏于大钟寺古钟博物馆。该钟为蒲牢钟纽，钟肩饰莲瓣一周十二朵。钟体上下两部分各有四区，区内均铸有铭文。钟裙部位铸有八卦符号，八耳波状口，每耳上各铸有一枚撞击钟月。

皇圖永固
帝道遐昌
佛日增輝
法輪常轉
風調雨順
國泰民安
五穀豐登
天下大平

摩诃庵 问钟取道

明代宫中太监多信仰佛教，以至于北京城太监出资建造的寺庙数不胜数，捐铸的佛钟也是不胜枚举，摩诃庵和摩诃庵钟就是其中之一。

“摩诃”为梵文音译，佛经中云：“何名摩诃？摩诃是大。”

摩诃庵建造于明嘉靖二十五年（1546），同年摩诃庵钟铸成。庵与钟均是由惜薪司掌印司设监太监赵政，同名下御马监右少监魏伸，内官监太监李鉴，御马监左监丞郑友、右少监李芳，尚膳监太监曾亮，惜薪司司正薛凤合力出资所造。在摩诃庵碑文中记载，他们这样做的目的“一为主上祝延万寿，一为其祖茔奉延香火，如此而已”。为表虔诚，在摩诃

1（清）于敏中等编纂：《日下旧闻考》卷97《郊垌》，北京古籍出版社，2001年，第1615页。

庵钟上，他们还特意铸造了《摩诃般若波罗蜜多心经》经文和“皇帝万岁万万岁”等祝颂吉语。

在这七人当中，最为著名的当属赵政。他是明代著名的宦官之一，出生于明朝弘治七年（1494）顺天府武清县。正德五年时（1510）正式入宫。不久，由于为人凝重儒雅，赵政很快被选入了乾清宫，在正德皇帝朱厚照身边任随侍。嘉靖皇帝即位后，对赵政更是重视，还特地赐“廷治”作为他的字。在正德、嘉靖两朝，赵政都深受皇帝赏识，屡次被赐予蟒衣、玉带和大量的金币，并被委以重任，先后担任监事提督三千营及三千哨马营，执掌五军营、执掌摄监库、侍应乾清宫等要职。明代嘉靖三十五年（1556），赵政去世，终年63岁，死后第二年，归葬于摩诃庵后院的墓地中。而同赵政一起出资建造摩诃庵、铸造摩诃庵钟的其他几名太监，在死后也被葬于摩诃庵。

摩诃庵为坐北朝南的二进院落，庵中有天王殿、大雄宝殿，左右有钟楼、鼓楼、配殿、廊庑，又有园圃二顷五十余。摩诃庵钟就悬挂在钟楼内。庵东有金刚殿，面阔三间，三面墙壁上嵌有60块汉白玉石刻，石上集篆三十二体金刚经。据《日下旧闻考》记载：“宋僧道肯因五代时僧梦英所集十八体而广之。”[1]明代有人又重临集篆三十二体金刚经石刻。每经一章为一体，并附有释文。由摩诃庵僧人性宏嵌在金刚殿壁上。

2 （明）刘侗、于奕正著：《帝京景物略》，北京古籍出版社，2001年，第210页。
3 （明）刘侗、于奕正著：《帝京景物略》，北京古籍出版社，2001年，第210页。
4 （明）刘侗、于奕正著：《帝京景物略》，北京古籍出版社，2001年，第210页。
5 （明）刘侗、于奕正著：《帝京景物略》，北京古籍出版社，2001年，第210页。
6 （清）于敏中等编纂：《日下旧闻考》卷97，北京古籍出版社，2001年，第1616页。

传说庵内环境宏敞净洁，景色优美。明代文人蒋一葵在著作《长安客话》中描绘："慈寿寺傍有庵曰摩诃庵，制不甚大，宏敞净洁，乃胜他庵。殿前后多古松、古桧、古柏，壁间多名公题咏。四隅各有高楼，叠石为之。登楼一望，川原如织，西山逼面而来，苍翠秀爽之色似欲与人衣袂接。意兴勃勃，业已飞香山碧云间矣。"

明代文人刘侗、于奕正在《帝京景物略》中也曾记述摩诃庵的境况是"高轩待吟，幽室隐读，柳花、榆钱、松子飞落时，满院中。诗僧非幻，琴僧无弦，与客耦俱"。[2] 梁溪诗人童佩作《摩诃庵》诗道："入门幽事满，春殿说无生。未下空王拜，先劳小郎迎。阶前闲树色，花外落钟声。却愧初来客，袈裟识姓名。"[3] 东阿诗人于慎行更在《暮春游摩诃庵，听无弦上人弹琴，因饮南园》一诗中写到摩诃庵钟声："雨色先惊幌，钟声过远楼。"[4]

万历年间，庵中又种植了杏花千余株，引得无数游人流连忘返。"宇内无事，士大夫朝参公座，优旷阔疏，为与非幻吟，为听无弦琴。住斯庵也，浃日浃辰，盖不胜记。"[5] 士大夫们也常常在闲暇时，在摩诃庵小住，还时常留诗在庵中。传说，摩诃庵西跨院之禅房以丁香著称，明代王士祯父子曾于此居住。这样的高雅风尚直至清代依然不见衰败。清初时，高士奇还曾作《摩诃庵看花诗》以夸赞摩诃庵美景。其中"青郊路转见花菲，日暖园林燕子飞"[6] 之句更是传诵

摩诃庵钟年款

7 （清）于敏中等编纂：《日下旧闻考》卷97，北京古籍出版社，2001年，第1613页

一时。

传说摩诃庵中最为著名的当属西角楼，可望西山景致。后不知何故，摩诃庵石楼东、南、北三面尚存，独缺其西一面，不知何时无存。时人追问寺僧，只传说是明代天启年间的大太监魏忠贤一次到庵中时，“偶指西角楼曰‘宜去之’”，即日便遭到毁坏。清代乾隆时，文华殿大学士于敏中等人奉命编纂《日下旧闻考》时记述摩诃庵仍尚存。[7]

至民国时有人路过摩诃庵，见庵内“僧逃庵衰”，“有腴田数百亩，僧五人，皆年少，饱食丰衣不课经卷”。可见摩诃庵已衰落。

如今，在八里庄小学内还保存着摩诃庵遗址和赵政墓地，庵中仅存天王殿、大雄宝殿和金刚殿，早已不见了飞花、柳絮、杏花繁盛的景致。而摩诃庵钟则离开了庵内的钟楼，被大钟寺古钟博物馆收藏。

摩诃庵钟

摩诃庵钟，铸于明嘉靖丙午年（1546）。青铜材质。通高156厘米，口径95厘米，重600公斤，现藏于大钟寺古钟博物馆。钟纽被塑造为双龙头蒲牢的造型。钟肩部位装饰有一圈莲瓣花纹，共二十朵。钟腰部位以6条凸弦纹将钟体上下左右共分为两个部分，四个矩形方框。钟体铸有「大明嘉靖丙午岁仲秋吉日造」字样。钟体下部方框内所铸的铭文「惜薪司掌印司设监太监赵政同名下，御马监右少监魏伸，内官监太监李鉴，御马监左监丞郑友、右少监李芳，尚膳监太监曾亮，惜薪司司正薛凤发心铸造铜钟一口，摩诃庵永远供奉」。

無得以無所得
故菩提薩埵依
般若波羅蜜多
故心無罣礙無
罣礙故無有恐
明亦無無明盡
乃至無老死亦
無老死盡無苦
集滅道無智亦
摩訶般若波
羅蜜多心経
呪曰揭諦揭
諦波羅揭諦
波羅僧揭諦
菩提薩婆訶

李太后隆庆造钟

后妃，是中国古代宫廷成员的重要组成部分，因其与帝王关联密切，故在历史中或多或少都曾扮演过较为重要的角色。明太祖朱元璋即位后，在总结历代后妃制度和元代后妃之祸的基础上，确定以“严内”规范后妃言行。《明史》中记载：“明太祖立国，家法严。史臣称后妃居宫中，不预一发之政。”[1]但由于各个时期形势不同，明代后妃们并未严格遵守这些祖训信条，她们有时会利用自身地位干预朝政，使得不少纷争问题得以及时解决，在一定程度上表现了她们的政治才能。明朝孝定李太后就是其中之一。“隆庆六年十月吉日造”的保明寺铜钟，即为孝定李太后集合朝中重臣以及信徒1700余人捐资铸造的[2]，其号召力可想而知。

1 （清）张廷玉等：《明史》，中华书局，1974 年，第 7659 页。
2 于弢：《保明寺钟考》，《文物春秋》2009 年第 5 期，第 71—74 页。
3 （清）张廷玉等：《明史》卷 114，中华书局，1974 年，第 3536 页。

隆庆保明寺铜钟，钟体铭文除了铸有“敕赐顺天保明寺”和年款外，其余全部为捐资者名字，密布整个钟体。为首者是铸于牌位内的“大明慈圣皇太后李氏”，而两边分别铸有“戴圣夫人金氏、夫人张氏……一品夫人云氏、夫人郭氏……”另有“太师兼太子太师成国公朱希忠、太师兼太子太师定国公徐、锦衣卫掌卫事后军都督府左都督朱希孝”“司礼监掌印太监冯保、内府各衙门太监”等。

李氏是明朝顺天府漷县人，嘉靖二十四年（1545）出生在一个普通人家，她自幼聪慧机智，善于记忆，尤其喜好书法。嘉靖二十九年（1550），蒙古俺答部劫掠通州，她和家人为躲避战乱举家迁居到京师。不久，李氏被选入裕王府做宫女，服侍裕王朱载垕，颇受宠爱。嘉靖四十二年（1563）李氏生了朱翊钧，地位更加稳固。隆庆元年（1567），裕王朱载垕即位后，母以子贵，李氏被册封为贵妃，地位仅次于陈皇后。隆庆六年（1572）五月二十六日，正值盛年的隆庆皇帝朱载垕驾崩，李氏的儿子，年仅 10 岁的万历皇帝朱翊钧即位，李氏被尊为慈圣皇太后。此时正值穆宗初丧，新皇继位，再加上李太后“顾好佛”[3]的特点，于是在这一背景下，由李太后领衔，集合信徒共同向保明寺捐资铸造了这口铜钟。

李太后除了希望通过铸钟保佑大明王朝之外，对朱翊钧培养教育也极为严格。为了更好地教育年幼的万历皇帝朱翊钧，她搬到了乾清宫居住。遇朱翊钧学业懈怠和行为不端

隆庆保明寺钟牌位

隆庆保明寺钟神牌

4 （清）张廷玉等：《明史》卷114，中华书局，1974年，第3535页。

5 （清）张廷玉等：《明史》卷114，中华书局，1974年，第3535页。

6 （清）张廷玉等：《明史》卷114，中华书局，1974年，第3535页。

时，均对其管教有加。《明史·李太后传》即曾有“遇朝期，五更至帝寝所，呼曰‘帝起’，敕左右掖帝坐，取水为盥面，挈之登辇以出”[4]的记载。可见，李太后对少年皇帝日常起居的要求是非常细致也是非常严格的。无论冬夏，天还没亮即开始了皇帝一天的生活，且皇宫内的诸班规矩一个都不能少。这对于还是一个孩子的朱翊钧来说，甚至比一些平常百姓家的孩子还要不易。还有一次，朱翊钧酒后任性，欲借故杀身边的内侍，在大臣们的劝谏下，才以削发代罪而作罢。李太后知道后非常生气，命张居正替皇帝草拟罪己御札，并让朱翊钧长跪反省。

万历六年（1578），万历皇帝大婚，李太后将要返回慈宁宫，她便告诉张居正：“吾不能视皇帝朝夕，先生亲受先帝付托，其朝夕纳诲，终先帝凭几之谊。”[5]

万历十年（1582），张居正病逝。神宗开始亲政后，李太后依据明朝祖训，不再过问国家军政大事。不过，她对朱翊钧的威严仍在，对于皇位继承问题上仍有着发言权。

孝端王氏是朱翊钧的元配，她性格宽厚温和，但没有子嗣。因此，朝中大臣大多主张早立皇长子朱常洛为太子，然而朱常洛却不受朱翊钧重视，惹怒了朱翊钧，以致“给事中姜应麟等疏请被谪”。[6]

万历二十一年（1593），内阁首辅王锡爵上疏，请求皇上恩准举行册立东宫大典。不想，朱翊钧却在谕旨中写道：

7 《钞本明实录》第 20 册，线装书局，2005 年，第 40 页

8 （清）张廷玉等：《明史》卷 114，中华书局，1974 年，第 3535 页。都人，即宫女

9 张先得、刘精义、呼玉恒：《北京市郊明武清侯李伟夫妇墓清理简报》，《文物》1979 年第 4 期，第 54—63 页

10 （清）张廷玉等：《明史》卷 114，中华书局，1974 年，第 3535 页

11 于弢：《保明寺钟考》，《文物春秋》2009 年第 5 期，第 71—74 页

"朕所生三皇子，长幼自有定序，但思祖训立嫡之条，因此，少迟册立，以待皇后生子。今皇长子及皇第三子俱已长成，皇第五子虽在弱质，欲暂一并封王，以待将来有嫡立嫡，无嫡立长，尔礼部便择日具仪来行。"[7] 面对立储之事的僵局，一日朱翊钧侍奉李太后，李太后问其为何不立朱常洛为太子，朱翊钧答道："彼都人子也。"太后大怒说道："尔亦都人子！"[8] 于是神宗连忙伏地请罪，不敢起身。

李太后要求幼帝严格的同时，对于外戚要求也十分严厉。《明神宗实录》卷六十九中就有这样的记载，万历五年十一月"丙寅，先是皇亲武清伯李伟，使家人揽纳布花，多所干没，军士大哗，内使以闻。上命取布一匹验之，不堪，上即谒太后言状。太后怒甚，遣谕内阁尽法处治，吾不私外家……居正力为解救，第坐诸为奸利者，革该库内臣三十余人。太后乃召武清父子立宫门外，遣中侍出，数之。武清父子惶恐服罪，自此少戢矣"。[9] 写明了李太后在其父李伟犯了错误后，不徇私包庇的事情。

万历四十二年（1614），李太后去世，"上尊谥曰孝定贞纯钦仁端肃弼天祚圣皇太后，合葬昭陵，别祀崇先殿"。[10]

保明寺钟为研究保明寺的历史提供了重要的资料，"不仅让我们了解了明皇室宗亲与保明寺的渊源，由钟上所铸的大量信士弟子的姓名，还可见当时的佛教已成为上至达官贵族、下到平民百姓所信仰的文化"。[11] 保明寺铜钟上虽然没

有记下李太后的任何事迹，但是透过它，李太后对于教育幼帝、维护万历初期政局稳定所做出的努力却为后人所铭记。在今天，保明寺铜钟不仅是对骄奢淫逸的谴责，更是对循循善诱和勤政务实的精神呼唤。

保明寺钟

保明寺钟，铸于明隆庆六年（1572）。青铜质地。通高147.5厘米，口径94厘米，重402公斤，现收藏于大钟寺古钟博物馆。该钟为蒲牢钟纽，钟肩饰莲瓣一周十六朵。三道弦纹将钟体分为三部分，均铸满铭文。六耳波状口，每耳上都铸有一枚撞击钟月。钟体上部牌位内所铸「慈圣皇太后李氏」为万历皇帝生母。

魏忠贤铸歪钟

在大钟寺古钟博物馆里保存着一口明代天启年间的“歪钟”，钟体上铸造有“司礼监秉笔太监魏忠贤虔铸”的铭文，以显示出资铸造人的身份和姓名，因此人们也称它为“明魏忠贤铜钟”。一件古代优秀铸钟工艺“意外”产出的“残次品”因何产生并被保存至今，民间流传着一个关于“歪钟”变“警钟”的传说。

传说，明朝天启年间著名的太监魏忠贤到西山游玩时，发现了嘉靖年间大太监赵政所建的摩诃庵中悬挂着一口大钟，质地纯良，钟声悠远。羡慕之余，下令内织染局的掌印太监齐良臣为自己铸造一口大铜钟。钟铸成后魏忠贤就命人将它挂在东华门外，然后每天在宫中侧耳听钟声。可是，这口大钟的声音却无法与摩诃庵钟媲美。

明天启七年（1627）秋八月，皇帝朱由校驾崩，信王朱由检即位，年号崇祯。崇祯皇帝朱由检素知魏忠贤的罪行，对魏忠贤并不信任。在经过对魏忠贤将近一年论罪、打压之后，魏忠贤终于被崇祯皇帝正法，其人头被悬挂在河间府城楼上。人们本欲毁去那口魏忠贤铸造的钟，却因为有“铸钟如做人”的说法而将这口钟保存了下来。从此，将它作为一口警钟用以警示后人，做人要“堂堂正正”。

传说的真假无从考证，但这口钟天生的缺陷无疑为进一步研究古人的青铜铸造工艺提供了不可多得的实物参照。

中国古代青铜器的铸造有两种基本的方法，即泥范法和失蜡法。泥范法商周时代就已经出现，是应用最广的青铜器铸造法。失蜡法也称“熔模法”，是一种青铜等金属器物的精密铸造方法。中国古代梵钟的铸造一般采用“分铸法”。即钟纽部位通常单独铸造，铸成之后再铸接于钟体之上。

泥范法主要经过铸型、熔炼、浇注和加工修饰 4 个工艺流程。首先，要先制作钟的模型。模型在铸造工艺上亦称作模或母范；再用泥土敷在模型外面，形成铸件外廓，这一部分在铸造工艺上称为外范；此外还要用泥土制一个体积与器物内腔相当的范，通常称为芯，或者称为芯型、内范；铸钟时使内外范套合，并将提前铸好的钟纽固定在准确的位置，内外范中间的空隙即型腔，其间隔为欲铸钟的厚度；最后将

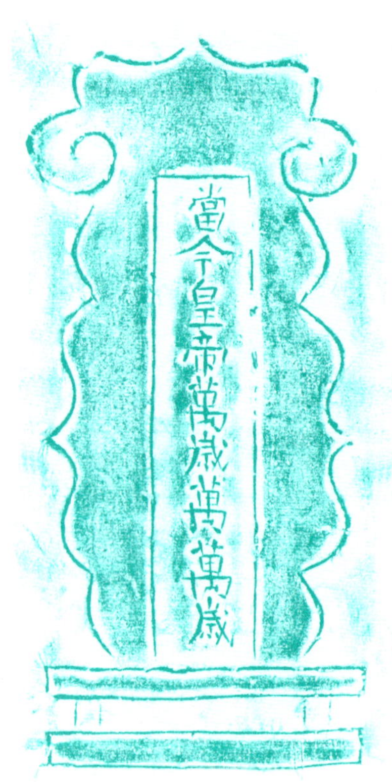

魏忠贤铜钟神牌

熔化的铜液注入此空隙内，此时钟纽铸接在钟体上；待铜液冷却后，打碎内外范取出成品；最后经过修理细节，铜钟就铸成了。

在铸造的过程中，有两个环节非常重要：一个是内外范的套合，一个是铸接时钟纽的固定。中国古代梵钟是一种横截面为正圆形的金属响器。它的发音主要是依靠被撞击之后钟体的震动。因此，内外范的套合和钟纽铸接的位置非常重要。内外范在套合时，必须保持四周空隙间距的均匀，也就是保证铸出来的钟四壁的薄厚是一致的，这样才能使得钟声质量达到良好的效果。而钟纽在铸接安放时，也须要保持其在钟体正上方的正中位置，这样才能保证钟体四周的重量是相等的。而且，为了保证浇铸出来的钟纽完美地与钟体接合，一般采用预先铸造钟纽，再通过将钟体与钟纽铸造连接在一起的方法，保障钟纽足以承受钟体重量。为了增加强度，铜钟钟纽有时会加入一个钢铁内芯，铸接法可以让两个分别铸造的部分完美地融合在一起，从而加大钟纽对重力的承受力。

经过研究人员检测，发现“明魏忠贤铜钟”之所以是歪的，就是因为铸钟时内外范套合时发生偏移，导致钟壁一面薄，一面厚，而钟纽在铸接时又没能保持在钟体上方的正中位置，所以这口钟不仅形体“歪”，而且钟声也不如其他古钟优美动听。

明魏忠贤铜钟

明魏忠贤铜钟，铸于明天启丁卯年（1627）。青铜材质。通高170厘米，口径99.8厘米，重量为452公斤，现藏于大钟寺古钟博物馆。钟纽为蒲牢纽，肩部铸有莲瓣纹一周，钟体成筒状，钟裙部外撇。区域之间铸有「大明天启丁卯年孟夏吉日造」「钦差总督厂官旗办事提督宝和等店兼惜薪司内府供用库印务司礼监秉笔太监魏忠贤虔铸」「当今皇帝万岁万万岁」「乾清宫掌事内织染局掌印内官监太监齐良臣造」等铭文。

两段敲钟偈 一鸣度众生

在中国古代，有很多人喜欢出资铸钟，捐给寺庙或者道观。这些人当中有僧侣道士，也有普通百姓；有文人骚客，也有官宦达人。他们相信：世间一切烦恼和心灵不安，都可以随着钟声飘散而去。

永泰寺铜钟铸于清康熙五十二年（1713），原安放于永泰寺内。该钟钟体上，不仅铸造上了《大悲心陀罗尼》经文以及“苏克济诚献”“永泰寺住持焚修，比丘性贵全制”等字样，特别的是还有两段敲钟偈。一段是“愿此钟声超法界，铁围幽暗悉皆闻。闻尘清净证圆通，一切众生成正觉”。一段是“闻钟声，烦恼轻，智慧长，菩提生，离地狱，出火坑，愿成佛，度众生”。

1 任继愈主编:《佛教大词典》,江苏古籍出版社,2002年,第1113页。

2 (元)德辉编,李继武校点,杨曾文、黄夏年主编:《敕修百丈清规》,中州古籍出版社,2011年,第210页。

3 (元)德辉编,李继武校点,杨曾文、黄夏年主编:《敕修百丈清规》,中州古籍出版社,2011年,第211页。

敲钟偈,又称“叩钟偈”。通常有早晚之分。早晨敲击的被称为“早叩钟偈”,也有人称其为“晨钟偈”,晚上敲击的被称为“晚叩钟偈”。始于何时,源于何处,早已无从可考,内容也有多个版本流传于世。比较常见的就是永泰寺铜钟上的这两段。“偈”是梵文的意译,也翻译成“颂”“讽颂”,音译“伽陀”“偈陀”等,由固定字数的四句组成,种类不一,是佛经的体裁之一。[1]敲钟偈,顾名思义,也就是在敲钟时所唱诵的颂词。寥寥几字内涵丰富,不仅表达了钟在寺院中的功用,又体现了佛教信徒的美好意愿。

南北朝时期,随着佛教在中原地区的兴盛,在造型上完全不同于中国传统合瓦形乐钟的正圆形梵钟,逐渐在中华大地上生根发芽、繁衍生息。佛钟,就是梵钟当中的一种。在功用上,佛钟主要“就职”于寺庙之中。我国民间对于寺庙素有“晨钟暮鼓”的说法,也就是早晨先敲钟再击鼓,晚上先击鼓再敲钟。

但在寺庙中敲钟并不是随便进行,讲究也很多。在流传于世的佛教典籍中,百丈怀海禅师制定的丛林清规——《百丈清规》的《法器》章中就有关于《大钟》《僧堂钟》《殿钟》的记载。其中《僧堂钟》记载道:“凡集众,则击之。遇住持每赴众入堂时,鸣七下。”由“堂司”负责。[2]《殿钟》则记载有:“住持朝暮行香时,鸣七下。凡集众上殿,必与僧堂钟相应接击之。”由“知殿”负责。[3]关于《大钟》

4 （元）德辉编，李继武校点，杨曾文、黄夏年主编：《敕修百丈清规》，中州古籍出版社，2011 年，第 210 页。

5 （元）德辉编，李继武校点，杨曾文、黄夏年主编：《敕修百丈清规》，中州古籍出版社，2011 年，第 210 页。

6 （元）德辉编，李继武校点，杨曾文、黄夏年主编：《敕修百丈清规》，中州古籍出版社，2011 年，第 210 页。

记载道："丛林号令资始也。晓击则破长夜，警睡眠；暮击则觉昏衢，疏冥昧。"[4] 就是说，早晨敲钟，是为了击破长夜的昏沉，警醒出家人长夜已过，不要再放逸沉睡，要起床做早课；晚上敲钟则是打破寺庙黄昏时的沉闷和阴霾，激发寺庙的生气与活力，召唤僧人进入晚上静坐习功的时间。而"遇圣节、看经、上殿、下殿、三八念诵……"都要鸣钟。[5] 可见，寺院一天的作息，是始于钟声，止于钟声。另外诸如起床、睡觉、吃饭这样的凡尘俗事，寺庙中也无不以钟为号。

关于古钟的敲击次数，历来也有很多说法。一般的游人、香客到寺院中，都会撞钟三下。这主要是根据民间传说认为鸣钟三响是福、禄、寿的象征。在《敕修百丈清规》的《法器》章中则记载佛教敲钟："引杵宜缓，扬声欲长。凡三通，各三十六下，总一百八下。起止三下稍紧。鸣钟行者想念偈云：'愿此钟声超法界，铁围幽暗悉皆闻。闻尘清净证圆通，一切众生成正觉。'仍称观世音菩萨名号，随号叩击，其利甚大。"[6] 说的是击钟的时候，应该缓引钟槌，使击出的钟声悠远深长。而敲钟要敲三遍，每遍要敲三十六下，总共一百零八下。并随叩击大钟诵念观世音菩萨名号，有利于僧人修行。

为什么要鸣钟一百零八响，则有着两种说法。在清康熙时期，陈元龙《格致镜原》引《绀珠》中记载："凡撞钟一百八声，以应十二月，二十四节气，七十二候（注：五天

永泰寺铜钟铭文

7（清）陈元龙撰：《格致镜原》卷45，上海古籍出版社，1992年，第695页。
8（明）郎瑛著：《七修类稿》，上海书店出版社，2001年，第435页。
9（明）郎瑛著：《七修类稿》，上海书店出版社，2001年，第50页。
10（清）麟庆撰，汪春泉绘：《鸿雪因缘图记》安淮晚钟，国家图书馆出版社，2011年，第550页。

为一候）之数。”[7]其具体寓意象征一年轮回，天长地久。表明了在农耕社会里，人们希望通过敲钟来祈求一年平安吉祥、丰衣足食。明代文人郎瑛在《七修类稿》“钟声数珠”中也说道：“钟声，晨昏叩一百零八声者，一岁之意也。盖年有十二月、二十四气、七十二候，正得此数。”[8]还有另一种说法，佛教认为人有一百零八种烦恼，敲一百零八下钟便能解除烦恼。因此，敲钟偈中才有“闻钟声，烦恼轻”的内容。

从以上内容可见，撞钟一百零八声的传统古代确实有之，但是关于敲钟的节奏，却是略有不同，据明人郎瑛在《七修类稿》“钟鼓节”中记载道：“自吾浙杭州歌曰：‘前发三十六，后发三十六，中发三十六，声急通共一百八声息。’越州歌曰：‘紧十八，慢十八，六遍凑成一百八。’台州歌曰：‘前击七，后击八，中间十八徐徐发，更兼临后击三声，三通凑成一百八。’”[9]而《鸿雪因缘图记》也有记载，清道光时，麟庆写出他在安淮，夜半顺风渡湖，忽然听到清越的钟声，数之正好是一百零八声。之后写道：“素闻撞钟之法，各省不同。河南云：前后三十六，中发三十六，共成一百八声住。京师云：紧十八，缓十八，六遍凑成一百八。浙江云：前击七，后击八，中间十八徐徐发，更兼临后击三声，三度共成一百八数。”[10]

永泰寺铜钟，除了上面介绍到的“敲钟偈”等内容外，

11《影印文渊阁四库全书·史部一七二·诏令奏议类》，台湾商务印书馆，2008年，第677页。

12《影印文渊阁四库全书·史部三〇一·地理类》，台湾商务印书馆，2008年，第256页。

13（清）吴长元辑：《宸垣识略》卷八，北京古籍出版社，1982年，第162页。

14 于弢：《大钟寺》，北京燕山出版社，2006年，第76页。

其捐资人同样值得一提。由铭文可知，该钟是由康熙年间担任山西巡抚的苏克济捐资铸造。据史料记载，苏克济为满洲正黄旗人，康熙四十八年（1709）四月出任山西巡抚，康熙六十年（1721）十二月解任，在职十三年。康熙皇帝曾于康熙四十九年（1710）御书"保厘重任"匾额，"正己风群吏，精心理庶民"对联赐予苏克济。又于康熙五十二年（1713）赐予苏克济"弘粹经远"匾额和"抚安千里路，宣布九霄恩"对联。[11] 雍正元年（1723），苏克济因为侵吞库银被捕，承认侵吞白银四百二十五万余两。雍正四年（1726），隆科多案发，苏克济又被查出曾向隆科多行贿。雍正五年（1727），判"其家产着照议抄没入官变价，其子孙入辛者库当差"[12]。苏克济的儿子达尔布开恩释放，闲散在外以便清完苏克济的欠款。但达尔布在弟侄亲戚家潜藏私寄之物万余金被查出，于雍正六年（1728）被判处斩，苏克济改为斩监候，秋后处决。

永泰寺，初建于元代，当时寺名无法考证。《宸垣识略》[13]卷八记载："永泰寺在西直门高井胡同，有明碑二。西直门内横桥西北有寺曰永泰，建于元。明正统间，修武伯沈清新之。天顺间，赐额永泰。"《北京寺庙历史资料》则记载，民国时有关永泰寺的调查，说永泰寺建于明，属私建，不知何故。[14] 据郁寿江在《京都胜迹》中记载，永泰寺大殿前有石碑两通，一为明成化八年（1472）沙门圆显撰写的《修建永泰寺》碑，较为详细地记述了永泰寺的创建及正统年间重建的情况；另一通为兵部侍郎谢九仪撰写的《重修永泰寺》碑，年代失考，碑文称太监李朗出己资重建。而永泰寺在当时已经沦为居民大杂院，旧有的建筑、碑刻及佛像等多已不存。[15]

如今，永泰寺已经湮灭在历史之中。但是苏克济捐资铸造的这口铜钟则被保存了下来，被大钟寺古钟博物馆收藏。永泰寺铜钟，为我们保留了许多的历史信息，古钟见证古刹，透过它，可以遥想当年永泰寺的辉煌；透过它，更可以“看”到那两段敲钟偈，一鸣度众生的大智慧。

15 胡玉远等撰：《京都胜迹》，北京燕山出版社，1995年，第173—174页

永泰寺铜钟

永泰寺铜钟，铸于清康熙五十二年（1713）。青铜材质。通高145.5厘米，口径110厘米，重430公斤。现藏于大钟寺古钟博物馆。蒲牢钟纽，钟肩饰莲瓣一周十二朵。钟上下两部分各有四区，上部铸有《大悲心陀罗尼》，牌位内铸有年款，下部铸有敲钟偈。八耳波状口，平均分布四枚撞击钟月。

乾隆朝钟

朝钟，悬挂于朝廷宫内的巨型钟。它既是古代帝王法权威严的象征，也是皇城报时的工具。其作用与“上课铃”相似，每日晨暮定时敲击，百官清晨闻钟而上早朝。[1]

关于朝钟的起源，史书上并没有明确的记载。秦汉以后，由于先秦乐钟“礼崩乐坏”，乐钟的数量逐渐减少。两汉之际，佛教传入我国，中国梵钟开始出现，其种类包括佛钟、道钟、更钟和朝钟。

朝钟的称谓出现的比较晚。《大明会典》记载：“凡铸造朝钟用响铜于铸造厂铸造。……添凑朝钟一口，高一丈四尺二寸五分，身高一丈一尺五寸五分，双龙蒲牢高二尺七寸，口径七尺九寸五分，备用钟一口，制同前计。”将朝钟

1 薛艺兵:《中国古代的寺庙钟、朝钟与钟楼钟》,《中国音乐》1996 年第 4 期,第 1 页

2 全锦云:《中国古钟的起源与演变》,《北京古钟》(下),大钟寺古钟博物馆编,北京燕山出版社,2006 年 10 月第 1 版,第 9 页

3 赵尔巽:《清史稿》第 10 册《礼志七》,中华书局,第 2621 页

的造型、尺寸都做了具体的说明。

明宋应星所著的《天工开物》写道:“……凡钟为金乐之首,其声一喧,大者闻十里,小者亦及里之余。故君视朝、官出署,必用以集众;而飨饮酒礼,必用以合歌。”记载了朝钟作为君臣上朝、出行等不可缺少的礼仪之器。[2]

清朝虽是少数民族统治国家,但依然推行汉儒文化。皇帝上朝时要一切按照周礼鸣钟奏乐的制度。《清史稿》记载:“午门鸣钟鼓,《中和乐》作,御太和殿,乐止。”[3]

在大钟寺古钟博物馆质器庄严展厅陈列着一口造型精美但钟体却无任何铭文的朝钟——乾隆朝钟。这口钟的作用不仅是皇城报时的工具,更是皇权身份、地位的象征。关于这口钟,民间还流传着一段离奇的故事。

乾隆皇帝弘历年幼时,朝廷内立嗣斗争非常激烈。老皇帝雍正为保护弘历,躲避立嗣之争,让皇太后放出风来,说弘历身体弱,不好养活。有一天,皇太后来到觉生寺许下重愿:若上天能保佑弘历平安健康成长,顺利接嗣,便让弘历在觉生寺出家侍佛。

日子一天天过去,弘历渐渐长大,三灾四难也都过了。雍正皇帝决定传位给他。可就在这个时候,弘历的哥哥弘时却在其他大臣的怂恿下,要对即将接位的弘历下手。雍正皇帝为了迷惑弘时,于是让弘历的表兄法云陪着弘历一起到觉生寺避难。要以侍佛弘法的心愿来化解这场血光之灾。当弘

历正要剃度时，雍正皇帝却在西山驾崩，弘历需立即回宫接位。皇太后从国家大局出发，又考虑到自己在觉生寺许下的誓言。突然灵机一动，便让弘历的表兄法云代替弘历在觉生寺出家。

这一替便是八年之久。在这八年，乾隆皇帝巩固了政权，坐稳了江山。唯有一件事给忘了，那便是把法云在觉生寺替自己出家的事给忘了。此时的法云，已由小和尚做到了住持方丈。这一天，法云突然心血来潮，觉得自己替乾隆出家已经八年了，该是得到回报的时候了。可是用什么方法才能让乾隆想起自己呢？这年，正好赶上旱灾，全国各地都没有收成，乾隆皇帝正为此事着急上火。法云得知后，便给乾隆写了一个折子，祈求乾隆皇帝到觉生寺为全国的百姓祈雨。觉生寺在清朝本是祈雨场所，而且是祈雨必降。法云借此机会，不仅是希望乾隆皇帝到觉生寺祈雨，更主要的目的是想要讨个大官当当。

折子递到乾隆的手里，乾隆一看，心里便明了。乾隆皇帝念在法云替自己出家八年的份儿上，本想给他个大官当当。但是法云这种耍心眼的伎俩让乾隆觉得此人心术不正，不适合做高官。便勉为其难地赐表哥黄马褂并派往南方为自己运送贡品，以此来感谢这位表兄。

法云原以为乾隆能给自己一个大官当，却没想到只给了这么一个小官。一气之下，请人铸造了一口钟身盘满二十二条龙，钟裙布着乾卦，暗喻乾隆的“乾龙”钟。法云又深知

乾隆朝钟钟体云纹

4 于弢:《乾隆无字钟》,出自《中国古钟传说故事》,2003年,钟寺古钟博物馆编,文津出版社,第4页。

5 祁普实:《论北京地区元明清三代古钟造型纹饰与其文化内涵》,《北京古钟》(下),大钟寺古钟博物馆编,北京燕山出版社,2006年10月第1版,第33—34页。

蒲牢怕鲸的典故,另造了一个巨大的鲸鱼槌,让这个不成比例的钟与槌,捶打捶打乾隆,并以孝敬皇上的名义将此钟送进了紫禁城。

谁知,自此钟悬挂以后,宫中怪事接连不断,不是死人,就是闹鬼。乾隆找人一测,才知道,这是一口不祥的丧钟。巨大的鲸鱼钟槌完全失去了比例,将钟纽上的蒲牢追得无处躲藏,根本没有时间来找食吃,只有每天抓一个宫女或太监来填饱肚子。乾隆听了,一怒之下,把法云和尚杀了,将此钟弃于宫内。[4]

传说固然离奇,但"乾隆"钟命名的由来与钟体上的纹饰有着密切的关系,又因此钟于皇家宫廷内使用,所以定名为"乾隆朝钟"。

清乾隆时期,国势达到了清代鼎盛阶段。海外的思想文化,通过清政府在沿海所开的商埠流入我国,中西方文化日渐融合。这种新奇文化之风在钟的铸造设计上得到了很好的展现。乾隆朝钟钟体纹饰延续了清早期传统的云纹、海水纹,以及龙纹等样式,但装饰手法使用了西方高浮雕技法,钟体上二十二条腾飞于云海之间的五爪金龙,造型威武强健,神态威猛。周围的云海水纹,海水细流如丝,云朵层次分明,所有的这些都体现了"王者之气,天子之象"。[5]"乾隆朝钟"不仅是朝廷和皇帝所专有的神圣法器,更是古代帝王法权威严的一种象征。

乾隆朝钟

乾隆朝钟，铸于乾隆年间（1736—1795）。青铜材质。通高254厘米，口径157厘米，重3108公斤，现收藏于大钟寺古钟博物馆。蒲牢钟纽。钟肩饰莲瓣一周二十朵，莲瓣内亦有纹饰。钟腰以两粗夹两细四道凸弦纹将钟体分为上下两部分，各有四区，区内及边框内布满浮雕状云龙波浪等纹饰，遍无一字。在上部的莲花牌位上，铸有莲花须弥座，上为一条盘龙，两侧各有游龙相附，中间供牌上无铸字，但有磨锉过的痕迹。钟裙部铸有八卦符号，均为「乾」卦符号。八耳波状口，平均分布四枚撞击钟月。

分钟寺的传说

北京城东南有个怪地名，叫“分钟寺村”。这个地名来源于一座村庄和一个传说。

相传，早期这个地方因为有许多坟地，并有坟户散居于此，形成村落，被称为“坟庄子”。清代时皇帝到南苑狩猎，嫔妃等随行在此休息，梳妆打扮，觉得名字不雅，故改名为“粉妆寺”。

清朝末期，村里有一位以打更谋生的老人，工作起来十分敬业，风雨无阻。年深日久，便能根据每家的不同情况和需求来打更。走到勤劳的小伙子家门口时，他就轻轻地敲几下梆子，告诉他不用着急起床，时间还早，安心好好休息；走到懒惰的小伙子家门口时，他就重重地敲几下梆子，提醒小伙子早点起床干活。村民感激老人用心，特意筹钱为他铸钟祈福。

不久老人去世，谁知村民为他捐铸的这口钟竟发生怪事。每当人们敲响这口钟时，每个人听到钟声内容都不一样。懒惰的人们听到的是“起床起床”，勤劳的人听到的是“真棒真棒”，读书人听到的是“中榜中榜”。而且，不同季节听到的也不一样。春天听到的是“倒仓倒仓”，秋天听到的是“扬场扬场”。由于这样的奇事，村里的人便认为，这口钟继承了老人爱憎分明的品质。于是，就给这口钟起名叫“分钟”，并将保存这口钟的寺庙改为“分钟寺”，将村子改名为“分钟寺村”，用以纪念老人。[1]

传说只是传说。据现代学者考证，其实在众多文献中并未见此地有名为“分钟寺”的寺庙出现，也没有见到有关“分钟”的记载。“分钟寺村”这个地名，是口口相传的过程中出现的误传。此地早先确实有座名为“坟庄子”的村庄，居住者多数为坟户。民国时由于“（坟庄子）fen zhuang zi”谐音“fen zhong si”，所以被后人误记为“分钟寺”或者“分中寺”。[2]

1 大钟寺古钟博物馆编：《中国古钟传说故事》，文津出版社，2003年1月。

2 孙冬虎：《丰台地名的追根寻源与正本清源》，《北京联合大学学报（人文社会科学版）》2012年10月第4期。

分钟寺

分钟寺位于丰台区东部。现有「分钟寺地铁站」「分钟寺村」等地名存在。

欧洲钟琴

钟琴起源于欧洲，通常被安置在教堂或者市政厅钟楼之上。钟琴与中国编钟特点相似，同为大型青铜乐钟编组乐器，因此可以称之为西方的“编钟”。一套钟琴至少包含23口青铜乐钟，大多数钟琴由50口左右的乐钟组成，按照半音音节序列排列，每口钟的钟槌通过金属连线与键盘和脚踏板相连，演奏时，钟琴师手脚并用，在键盘和踏板上施以不同的力度，多件铜钟即可共同鸣响，表现出不同的响度和音乐效果，奏出和谐的旋律。

作为一种独特的乐器，钟琴有着悠久的历史。大约在1480年，钟琴发源于荷兰、比利时以及法国北部这些地势低洼地区。当时，这一地区的商业重镇为了彰显城镇地位，均在自己城镇的教堂钟楼上安装质量精良的钟琴，并安排曲目每刻钟甚至更加频繁地进行自动演奏。城镇的钟琴师则在举办集市的日子以及节假日进行人工演奏。据说，一座城市拥有质量上乘的铜钟和优质的学校是其发展程度的一种象征。

尽管铜钟在青铜时代就已经出现，但对铜钟的调音出现得却很晚。在欧洲，直到 15 世纪佛兰德地区的铸钟师才开始对铜钟进行精确的调音，此时铜钟还没有转化为乐钟。当铜钟经过精准调音以后，其音乐性便体现出来，此时铜钟转化为乐钟，多件乐钟组合起来便成为乐器，这一过程与中国青铜编钟的起源有着异曲同工之妙。

在欧洲，17 世纪是生产精品钟琴的黄金时代。第一套调音精良的钟琴是皮特·西蒙尼（Pieter Hemony）和弗朗索瓦·西蒙尼（François Hemony）兄弟俩铸造的，于 1652 年安装在荷兰的聚特芬市（Zutphen）。西蒙尼兄弟制造了许多套精美的钟琴，他们精湛的技艺树立了一种产品标准，至今现代钟琴制作仍要奉为圭臬。

法国大革命时期，社会要求改变音乐品味，这一时期战争席卷了欧洲，钟琴的第一个黄金时代结束了。尽管此时一些佛兰德和法国的铸钟师继续制作大型钟琴，但是西蒙尼兄弟调音的技术及其传承人都消失了。这一时期，钟琴演奏应用了一些新的动力系统，很轻松便可以弹奏笨重的大钟，然而，这些演奏系统却难以表现乐感，失去了乐音的柔和性。

到了19世纪，尽管各种用途、各式各样的钟不断地出现，但钟琴乐钟的调音技艺几近消亡。19世纪末期，古老的钟琴又重新引起了人们的兴趣，这在很大程度上要归功于比利时钟琴家杰夫·德宁（Jef Denyn）的不懈努力。他改善了钟琴的音质，并开始每周举办钟琴音乐会。钟琴音乐会声名鹊起，并走出了比利时国境。值得一提的是，这件事激发了一位美国公务员威廉·戈汉·莱斯（William Gorham Rice）的热情，他撰写了一系列钟琴书籍，使这种古老的乐器变得更加流行。与此同时，钟琴在英国的发展使得调音技艺得以重新发展。在美国和英联邦国家，多套早期钟琴都是由英国铸钟厂铸造的。1953年，美国出品了一部惊悚剧情电影《飞瀑怒潮》（*Niagara*），片中出现了一套著名的钟琴。影片里钟琴成为了重要的信号传递工具，钟塔和钟琴演奏室也成为了重要的外景地。这套钟琴由55口乐钟组成，是1946年英国泰勒铸钟厂铸造的，安装在加拿大安大略省尼亚加拉瀑布彩虹钟塔之上。该片由著名影星玛丽莲·梦露主演，美国民众也正是通过这部电影才广泛认知钟琴这种乐器。

钟琴的铜钟一般安装在钟塔或者钟楼里，但也有钟琴的铜钟直接悬挂在裸露的钟架上。如果把铜钟装在塔楼上一个半封闭的钟室里，钟声可以变得柔和婉转。钟琴键盘通常安装在乐钟正下方的房间里，或者安装在钟室内的小隔间里，钟琴师要爬上高高的钟楼进入乐钟下方的房间进行演奏。因为身处高处相对封闭的环境里，钟琴师演奏时通常是无法看到观众的，也无法像一般的舞台表演一样与观众互动。关于演奏钟琴有这样一个小故事：20 世纪 50 年代一个寒冷的冬日，荷兰南部城市布雷达（Breda）的圣母大教堂里，钟琴师按照日程表登上高高的钟楼演奏乐曲。演奏结束以后，不料想钟琴演奏室的大门被酷寒的天气封冻上了，钟琴师孤身一人被关在里面无法出来，高高的教堂钟楼里，钟琴师无法与市镇上的人们直接联系，于是他以演奏的方式发出求救信号。他演奏了一首荷兰著名歌曲《船工之歌》（*Een liedje van Koppestok den veerman*）的第一小节，对应这一小节的歌词是“为了橘黄色，打开大门吧”。他一遍又一遍地演奏，最后市政厅有人意识到可能出了什么事，找到教堂，把钟琴师救了出来。

20 世纪，钟琴制造技术最终超过了 17 世纪的铸造质量和调音水平，这一时期生产的多套质地精良的钟琴一直保存至今。如今，除了钟楼上安装有钟琴，人们把一些钟琴安装在卡车、拖车上面，成为可以四处移动进行露天表演的可移动式钟琴。可移动式钟琴演奏形式灵活，具备更好的舞台效果。现在世界上钟琴保有量最大的地区仍然集中在比利时、荷兰、法国北部和德国西北部。欧美国家定期举办各种类型的钟琴音乐会。钟琴艺术虽然局限在一定的文化圈内，但它确已传遍世界各地。除了南极洲，各大洲都有钟琴：北美洲大概有超过 180 套的钟琴；世界其他地区约有 450 套以上的钟琴。在俄罗斯、日本、韩国、菲律宾、南非、澳大利亚、新西兰、巴西等地也能看到钟琴以及钟琴音乐会。

2014 年，大钟寺古钟博物馆为了丰富基本陈列内容，在“外国钟铃”专题展厅中，引进并重点展出了一套在荷兰定制的由 23 口青铜钟组成的大型钟类乐器——钟琴，这是欧洲钟琴首次在国内面世。作为一个开端，大钟寺古钟博物馆将欧洲钟琴引入外国钟铃常设展览，希望通过博物馆这个窗口介绍钟琴知识，让观众在欧洲钟琴文化与中华编钟文化的对比认知过程中，加深对中西方乐钟文化的理解。

欧洲钟琴

欧洲钟琴，2014年制造。青铜材质。这套钟琴由23口乐钟、演奏键盘和电控系统组成，发音范围为c2—c3—c4，按半音逐个升高，音域为两个八度。最大的乐钟重47公斤，最小的乐钟重9公斤，现藏于大钟寺古钟博物馆。所有乐钟都装饰有花纹及浮雕铭文，铭文内容为「EIJSBOUTS ASTENSIS ME FECIT ANNO MMXIIII」，意为「阿斯滕埃斯伯铸钟厂于2014年制造此钟」。乐钟钟体进行了抛光处理，外表平滑、精美，工艺精良。这套钟琴不仅能够人工演奏，还可以通过电脑操控演奏，在没有钟琴师的情况下，观众也可以欣赏到中外乐曲。

秦公镈

铸于春秋时期。
青铜材质。

战国

p042

铜钲

铜钲盛行于
春秋战国时期。

明

p107

保明寺钟

铸于明嘉靖十二年（1533）。
青铜质地。通高 145.3 厘米，
口径 96.4 厘米，
重 450 公斤。

p122

保明寺钟

铸于明隆庆六年（1572）。
青铜质地。通高 147.5 厘米，
口径 94 厘米，
重 402 公斤。

p114

摩诃庵钟

铸于明嘉靖丙午年（1546）。
青铜材质。通高 156 厘米，
口径 95 厘米，
重 600 公斤。

p089

法华寺钟

铸于明天顺五年（1461）。
青铜材质。通高 196.5 厘米，
口径 119 厘米，
重量 934 公斤。

乾隆朝钟

铸于乾隆年间（1736—1795）。
青铜材质。通高 254 厘米，
口径 157 厘米，
重 3108 公斤。

p129

明魏忠贤铜钟

铸于明天启丁卯年（1627）。
青铜材质。通高 170 厘米，
口径 99.8 厘米，重量为 452 公斤。

p081

永乐铁更钟

明永乐时期铸造。铁质。体高 345
厘米，纽高 92 厘米，底口径 248 厘米。

明

p099

弘治道钟

铸于明弘治壬子年（1492）。
青铜材质。通高 124.5 厘米，
口径 89.5 厘米，
重 514 公斤。

p063

景云钟

铸于唐景云二年（711）。
青铜材质。通高 247 厘米，
口径 165 厘米，
重 6000 公斤。

辽

p074

阁院寺钟

铸于辽代天庆四年（1114）。
铁质。高 160 厘米，口径 150 厘米，
重约 2000 公斤。

p145

p056

宝室寺铜钟

铸于唐贞观三年（629）。
青铜材质。钟通高 156 厘米，
口径 136 厘米，
重约 1500 公斤。

清

p138

永泰寺铜钟

铸于清康熙五十二年（1713）。
青铜材质。通高 145.5 厘米，
口径 110 厘米，
重 430 公斤。

皇圖永固
帝道遐昌
佛日增輝
法輪常轉
風調雨順
國泰民安
五穀豐登
天下太平

后记

随着博物馆公共文化服务方式和领域的拓展，社会公众得以更深入、更直接、更贴近地参与到博物馆的社会活动中来，继而也以丰富多彩的主位姿态融入到底蕴深厚的传统文化中。就大钟寺古钟博物馆而言，以“探寻·聆听·感知——钟铃文化之美”为主题的“钟王杯”讲解比赛，即是具有此类特点的公共文化服务平台之一。而本书的缘起，也正是得益于在这种平台服务中所引发的思考、领悟的心得以及观众的需求等业务实践。

本书的写作过程始终坚持以读者需求为本的朴素情怀，同时又不乏严谨的学术探索，使参与人员深深体会了循序渐进的哲理内涵。业务人员查阅了大量文献资料，并对其进行了系统整理和加工提炼，几易其稿，甚至推翻重来，只为在力求传播正确的钟铃文化信息的同时，使其成为通俗易懂、雅俗共赏的作品。本书写作人员及具体分工如下：《钟王》《紫宸御历景云钟》《阁院飞狐》《嘉靖时重铸保明寺钟》《李太后隆庆造钟》《两段敲钟偈 一鸣度众生》由王申撰写；《永乐大钟三迁记》《蒲牢》《问钟取道摩诃庵》《魏忠贤铸歪钟》《分钟寺的传说》由程呈撰写；《“摇篮”时期的钟铃》《“击鼓鸣金”琐谈》《弘治道钟的天象玄机》由李小丽撰写；《缺少商音的编钟》《风铃史话》《欧洲钟琴》由杨巍撰写；《先祖受天命 铭记秦公镈》《一钟双音与曾侯乙编钟》《宝室钟声千年韵》《乾隆朝钟》由曹静撰写；《漏尽钟鸣 节度时间》由程澄撰写。本书中所有图片由高川制作并提供。全书文稿的统稿工作由焦晋林、杨巍完成。

本书能够按时顺利完成，离不开多方面的帮助。感谢北京市文物局舒小峰局长对本书给予的大力支持与鼓励，并亲为作序；北京联合出版公司的编辑老师们，在编辑过程中仔细修改每一篇文章，提供了许多专业建议，在此深表谢意！

大钟寺古钟博物馆

2017年11月

古钟掌故